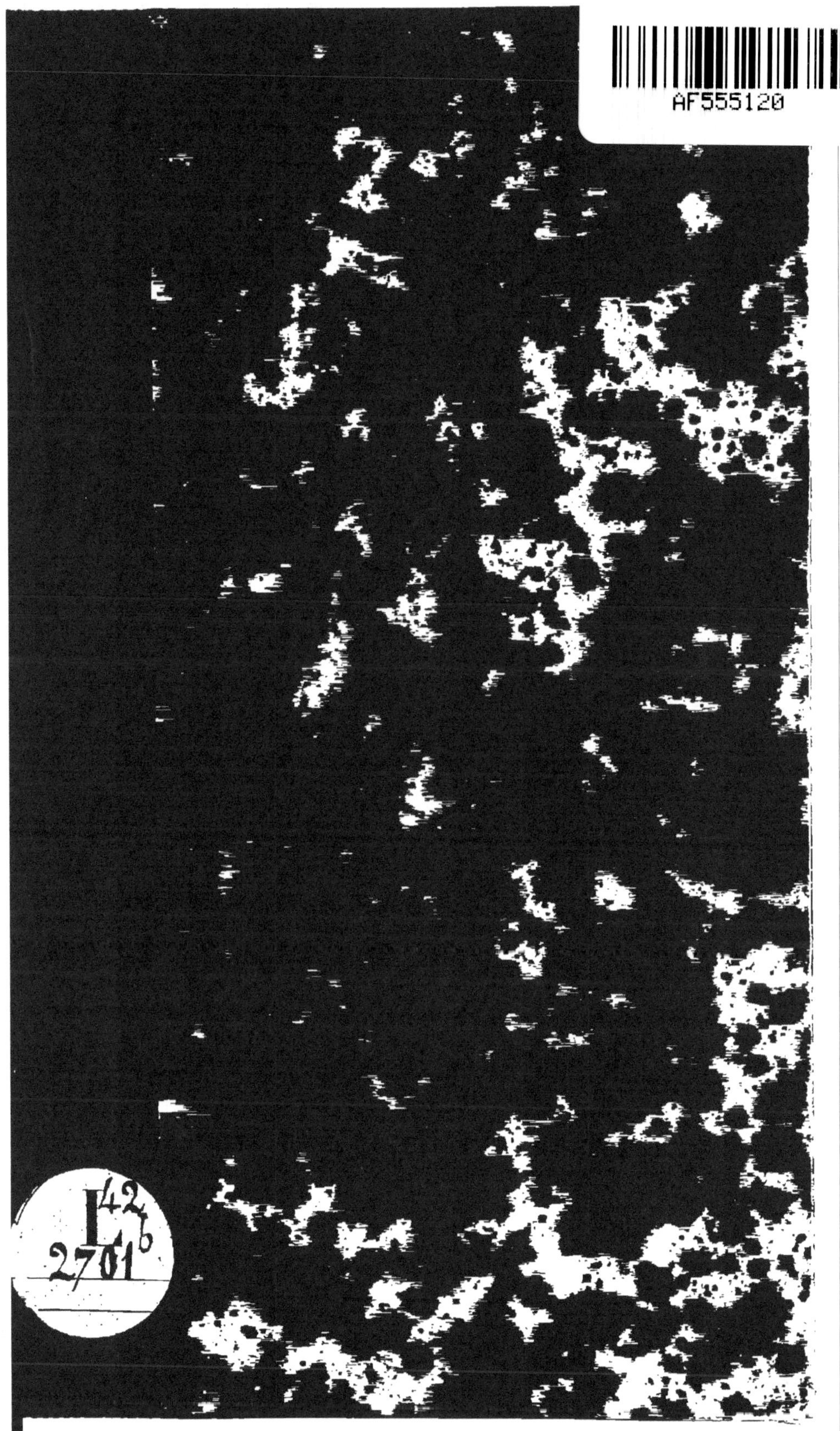

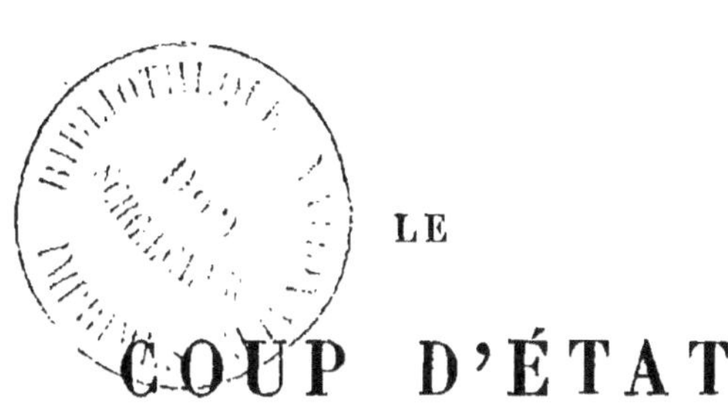

LE
COUP D'ÉTAT
DU
18 BRUMAIRE.

LE

COUP D'ÉTAT

DU

18 BRUMAIRE

ET SES CONSÉQUENCES,

PAR

W. AUGERAUD,

Élève de Saint-Cyr, ancien officier d'Afrique.

Il n'y a point d'exemple d'une nation libre qui ait péri par une guerre entre les citoyens, et toujours un État courbé sous ses propres orages s'est relevé plus florissant. (CHATEAUBRIAND.)

Bruxelles.

IMPRIMERIE DE J. H. BRIARD, RUE AUX LAINES, 4.

1853

PRÉFACE.

Mon intention n'est point de vous faire la biographie du Bonaparte du 18 brumaire, ni la description de nos victoires, ni le récit de nos défaites dont la conséquence fut deux fois l'invasion de la France.

Mon désir est de vous montrer le danger d'abandonner un pays à la merci d'un seul homme, en mettant sous vos yeux, séparément, les 12 principaux actes de ce tyran.

Après avoir appelé votre attention sur les moyens employés par ce grand parjure pour devenir le souverain maître de la France, je vous ferai comprendre que, ce premier but atteint, son ambition démesurée (et il faut en avoir une sans bornes pour violer les lois d'un pays), devait le précipiter promptement dans une nouvelle série d'actes odieux tels que :

Le guet-apens de Bayonne.

L'enlèvement et l'emprisonnement du Pape qui devaient soulever l'Europe entière contre nos armes et nous faire perdre nos belles colonies et les conquêtes de ces fiers et héroïques généraux de la république : KELLERMAN, KLÉBER, HOCHE, MOREAU et MARCEAU.

Faire fusiller le brave des braves, NEY, par des Français.

Faire fusiller l'intrépide MURAT dans les Calabres.

Et aller mourir à Sainte-Hélène, abattu par Wellington qui passa devant un conseil de guerre, prévenu d'avoir à Vimeiro, dont le résultat fut l'évacuation du Portugal, oublié les lois de la Grande-Bretagne.

FRAGMENT

D'UNE BROCHURE INTITULÉE : LES DEUX COUPS D'ÉTAT ET LEURS CONSÉQUENCES.

INDEX.

Il n'y a point d'exemple d'une nation libre qui ait péri par une guerre entre les citoyens, et toujours un État courbé sous ses propres orages s'est relevé plus florissant. (CHATEAUBRIAND.)

---

1 Bonaparte abandonne son armée en Égypte.

2 18 brumaire. — Violation de la Constitution.

3 Complot ourdi par le premier consul Bonaparte. — Exécution de 30 innocents.

4 Le général Moreau, le vainqueur de Hohenlinden, envoyé en exil par un général étranger.

5 Le duc d'Enghien enlevé en pleine paix sur le sol étranger, fusillé nuitamment à Vincennes.

6 Affaire d'Espagne. — Guet-apens de Bayonne.

7 Divorce. — Bonaparte force l'empereur d'Autriche à lui donner la main de sa fille.

8 Enlèvement du pape à Rome, en pleine nuit, par ordre de Bonaparte qui le frappa du pied et de la main à Fontainebleau et le fit ensuite jeter en prison.

9 Moscou. — 500,000 Français sont engloutis sous les glaçons de la Bérésina.

10 Dernier séjour à Fontainebleau. — Simulacre d'empoi-

sonnement. — Joseph et Jérôme Bonaparte à Blois pénètrent de vive force à minuit dans la chambre à coucher de Marie-Louise pour l'enlever avec son fils.

11 Waterloo. — Bonaparte reste immobile pendant les trois dernières heures du combat dans un pli de terrain, quand les soldats français par leurs acclamations, lui montraient sa place.

12 Bonaparte ayant abandonné pour la quatrième fois son armée après Waterloo, insulte à l'Élysée ces généraux de la république et la France, ne pouvant la précipiter dans une ruine complète.

Voici le jugement de Châteaubriand sur Bonaparte :

« Bonaparte méprise souverainement les hommes, parce qu'il les juge d'après lui ; sa maxime est qu'ils ne font rien que par intérêt, que la probité même n'est qu'un calcul. De là le système de fusion qui faisait la base de son gouvernement, employant également le méchant et l'honnête homme, mêlant à dessein le vice et la vertu, et prenant toujours soin de vous placer en opposition de vos principes. Son grand plaisir était de déshonorer la vertu, de souiller les réputations ; il ne vous touchait que pour vous flétrir. Quand il vous avait fait tomber, vous deveniez son homme, selon son expression ; vous lui apparteniez par droit de honte, il vous en aimait un peu moins et vous en méprisait un peu plus.

« Bonaparte, l'ennemi de la famille et de la patrie, de la morale et de la religion, semblait s'attacher à détruire la France par ses fondements. Il a plus corrompu les hommes, plus fait de mal au genre humain, dans le court espace de 10 années, que tous les tyrans de Rome ensemble, depuis Néron jusqu'au dernier persécuteur des chrétiens. »

(*Fragment d'une brochure intitulée :* Les Deux Coups d'État et leurs conséquences.)

I

BONAPARTE ABANDONNE SON ARMÉE EN ÉGYPTE.

Bonaparte reconnaissant, je ne dirai pas la témérité, mais la folie de son entreprise, l'impossibilité de la faire triompher, ayant expédié à Paris des bulletins relatifs aux batailles des Pyramides et du mont Thabor, rédigés dans le but unique d'exciter l'enthousiasme, et tout le monde sait comme il est facile de flatter les Français, abandonna son armée et ses anciens compagnons d'armes dont il avait excité le dégoût en empoisonnant de pauvres soldats qu'il touchait après pour faire croire aux vrais pestiférés à un excès de courage et d'humanité.

Bonaparte avait d'abord donné rendez-vous à Kléber à Rosette pour lui confier le commandement, mais connaissant ce cœur généreux et redoutant son courage dans un moment extrême, sachant d'ailleurs que Kléber avait un profond mépris à juste titre pour lui, qu'il comprendrait son piége, son infamie, qu'il savait comme lui que l'armée était réduite de moitié, que les magasins étaient dépourvus de chaussures et de vêtements, qu'on manquait de canons, de fusils, de projectiles, de poudre, qu'il était à peu près impossible d'en fabriquer en Égypte, que l'armée d'ailleurs assez insensée pour suivre un tel fou redemandait la mère patrie, qu'elle ne le laisserait jamais fuir sans lui demander compte de tant de sang déjà versé, de tant de victimes moissonnées par la peste, s'embarque incognito, et quelques heures après, un piqueur turc apprenait à Kléber qu'il commandait en chef en Égypte, et à l'armée que son chef était parti, persuadé de la témérité de son entreprise, et convaincu que tous jusqu'au dernier soldat devaient payer de la mort après d'atroces souffrances, son ambition démesurée.

Kléber effrayé et consterné de sa responsabilité, plus qu'étonné, car il connaissait déjà le comédien qui empoisonna les pestiférés de Jaffa, le renégat qui, au Caire, se vantait d'avoir détruit la Papauté, et qui, plus tard, rentré en France, devait se poser en Restaurateur de la Religion.

Kléber chercha immédiatement à relever le moral du soldat, mais le mal était déjà si grand qu'il reconnaissait d'avance l'impossibilité de son œuvre. Il gagna la fameuse bataille d'Héliopolis, qui lui assurait une paix momentanée, et fut assez heureux peu de temps après pour trouver la main d'un assassin qui le délivra de cette affreuse anxiété pour un chef comme Kléber, dont le cœur était aussi noble que la figure était belle, de voir mourir un à un tous ses soldats si dignes d'un chef vraiment français et non d'un étranger, comme cet aventurier de Bonaparte.

Dans une dépêche et un rapport datés du 26 septembre, le général Kléber et l'administrateur Poussielgue disaient que l'armée, déjà diminuée de moitié, se trouvait réduite à 15,000 hommes, qu'elle était à peu près nue, ce qui était fort dangereux dans ces climats, que l'on manquait de canons, de fusils, de projectiles, de poudre, toutes choses difficiles à remplacer, parce que le fer coulé, le plomb, les bois de construction, les matières propres à fabriquer la poudre, n'existaient pas en Égypte; qu'il y avait un déficit considérable dans les finances, car on devait aux soldats 4 millions sur la solde, et 7 ou 8 millions aux fournisseurs; que la ressource d'établir des contributions était déjà épuisée, le pays étant prêt à se soulever si on en frappait de nouvelles ; que l'inondation n'était pas abondante, que la récolte serait mauvaise, que des dangers de tout genre menaçaient la colonie ; que les deux anciens chefs des Mameluks se soutenaient toujours avec un grand nombre de cavaliers, l'un dans la haute, l'autre dans la basse Égypte ; que le célèbre pacha d'Acre allait envoyer à l'armée turque un renfort de trente mille soldats excellents, anciens défenseurs de Saint-Jean-d'Acre contre les Français : que le grand vizir lui-même, parti de Constantinople, était déjà parvenu aux environs de Damas avec une puissante armée ; que les Anglais et les Russes devaient joindre une force régulière aux forces irrégulières des Turcs ; qu'il restait une seule ressource, celle de traiter avec la Porte, qu'une victoire ne serait que le prélude d'une défaite et la destruction complète de l'armée.

Kléber ajoutait que le général en chef avait bien vu venir la crise, et que c'était le véritable motif de son départ précipité. M. Poussielgue terminait son rapport en appelant l'attention du Directoire sur 2,000,000 de francs que Bonaparte avait emportés. (Thiers, liv. V, tom. 2.)

Bonaparte ayant triomphé au 18 brumaire, et ayant creusé la fosse de Kléber en Égypte, chercha à ternir la réputation du vainqueur de la Vendée ; mais les instructions que Bonaparte laissa prouvent jusques à l'évidence qu'il ajoutait une infamie à son crime.

« Je vais, avait-il dit, en France, soit comme particu-
« lier, soit comme homme public, j'obtiendrai qu'on vous
« envoie des secours, mais si vous ne recevez ni secours
« ni instructions promptement, si la peste continue à
« sévir indépendamment des pertes de la guerre, si une
« force considérable à laquelle vous seriez incapable de
« résister vous pressait vivement, négociez avec le vizir,
« consentez même, s'il le faut, à l'évacuation. »

Le mot *évacuation* est digne de remarque quand la flotte anglaise couvrait la Méditerranée.

Cette instruction seule prouve d'une manière irréfragable, que Bonaparte reconnaissait l'impossibilité de se maintenir en Égypte, et qu'en affrontant les croisières anglaises, son acte était celui d'un lâche, car il courait un danger pour fuir une mort certaine, et il avait bien plus de chance avec un seul bateau d'échapper aux Anglais, qu'avec toute une flotte qui aurait rendu 15,000 Français dévoués à la patrie, 15,000 enfants à leurs mères.

Tel était l'homme qui devait abandonner une autre armée sur les glaçons de la Bérésina; appelés à engloutir 500,000 Français pendant qu'il se chauffait aux Tuileries; qui devait en abandonner une troisième à Leipsic, et une quatrième à Waterloo, avec son épée et son manteau royal, après s'être caché trois heures dans un pli de terrain pendant le plus fort de la mêlée et être resté sourd aux cris de ses soldats qui, en l'acclamant, lui indiquaient sa place, et avoir laissé Cambronne mourant au milieu du dernier bataillon de la garde impériale pour protéger sa fuite.

Le devoir de la France était de le juger et de le fusiller.

II

18 BRUMAIRE. — VIOLATION DE LA CONSTITUTION.

Quelques jours avant le 18 brumaire, le Bonaparte de Jaffa disait : César, Cromwell, mauvais rôles, rôles usés, indignes d'un homme de sens, *quand ils ne le seraient pas d'un homme de bien.*

Ce serait une pensée sacrilége que celle d'attenter au gouvernement représentatif dans le siècle des lumières et de la liberté. Il n'y aurait qu'un fou qui voulût, de gaieté de cœur, faire perdre la gageure de la république contre la royauté, après l'avoir soutenue avec quelque gloire et quelques périls.

Bonaparte se faisant précéder d'un récit ampoulé de l'expédition de Syrie, des batailles du mont Thabor et d'Aboukir, arrive incognito à Paris, et s'installe le 24 vendémiaire (16 octobre) dans sa maison de la rue Chantereine. Le 25, il fut présenté au Directoire par Gohier, qu'il affectait par calcul d'appeler son ami, et qui devait servir involontairement son ambition démesurée pour le malheur de la France et la honte du genre humain, auquel il devait donner lui et toute sa race des leçons si funestes de corruption et de dégradation dont le résultat sera évidemment la décadence de la France, si tous les Français patriotes ne s'empressent point de se réunir.

Il voila son plan infâme avec l'habileté d'un homme familier avec le mensonge et doué d'une hypocrisie raffinée, deux mots qui résument admirablement l'intelligence de ce Méditerranéen que les Corses appellent le génie.

Il dit au Directoire qu'après avoir consolidé l'établissement de son armée en Égypte par les victoires du mont Thabor et d'Aboukir, et confié son sort à un général capable d'en assurer la prospérité, il était parti pour voler au secours de la République qu'il croyait perdue, qu'il la trouvait sauvée par les exploits de ses frères d'armes, et qu'il s'en réjouissait.

Jamais, ajouta-t-il, en mettant la main sur son épée, jamais il ne la tirerait que pour la défense de cette république si chère à son cœur et à laquelle il devait toute sa gloire.

Quelques jours après, pour sauver la France d'un ogre

imaginaire, ayant fait décréter en pleine nuit par quelques membres des Anciens, bien entendu les plus remarquables par leur incapacité, la translation du Corps des Anciens et du Corps Législatif à Saint-Cloud, pour les soustraire aux attentats des conspirateurs, et prenant le commandement en chef de l'armée, il fit inviter cette même nuit tous les officiers présents à Paris à se rendre de bonne heure chez lui, et donna l'ordre aux troupes d'occuper les boulevards et les Tuileries. Les officiers accourus au rendez-vous, il leur fait une description mensongère des dangers de la République, il leur dit qu'elle est au moment de périr, qu'ils sont tous ses enfants, qu'ils lui doivent tous leur épée, et, montant à cheval, il les invite à le suivre.

L'armée, rangée en bataille sur la place de la Concorde et aux Tuileries, à la vue de Moreau et de Macdonald, ses dignes chefs, pousse des cris d'enthousiasme. Bonaparte profite de ces acclamations, entre au palais et court se présenter à la barre.

« Citoyens représentants, dit-il, la République allait « périr, votre décret (son décret) vient de la sauver. Mal« heur à ceux qui voudraient s'opposer à son exécution : « aidé de tous mes compagnons d'armes, je saurai pré« venir leurs efforts. Nous voulons la république. Nous « la voulons fondée sur la vraie liberté ; sur le régime « représentatif ; nous l'aurons, je le jure, en mon nom et « *au nom de mes compagnons d'armes.* »

Aussitôt après avoir prêté ce serment à la République et surtout à la liberté, il ordonna à des soldats d'aller immédiatement cerner le Luxembourg, de retenir prisonniers les trois directeurs sur cinq, Gohier, Moulins et Barras, qui s'opposaient au décret qui transférait le Corps des Anciens et le Corps Législatif à Saint-Cloud, comprenant parfaitement que le gouvernement était ainsi livré à l'armée. Un point qu'il faut noter et qui prouve non une combinaison savante, mais l'esprit infâme de Bonaparte, c'est qu'il a choisi pour chef de ces soldats dont il faisait des gendarmes, le brave et incorruptible Moreau, le vainqueur de Hohenlinden. — Paris était consterné.

La majorité des Anciens qui n'avait point été convoquée dans la nuit, indignée, furieuse, se rend à Saint-Cloud avec la ferme volonté de protester.

Tous les membres du Corps Législatif exaspérés arrivent aussi dans ce palais qui devait être témoin de tant d'orgies des Bonaparte.

A deux heures les deux conseils entrent en séance.

Tout le château était entouré de soldats, qui avaient reçu l'ordre de tout sabrer, de tout mitrailler sans sommation aucune, et cet ordre inouï avait été donné principalement contre les généraux Jourdan, Augereau et Macdonald, vrais républicains, dignes de commander à des Français, et nullement nés pour obéir à un étranger.

Des réclamations se font entendre chez les Anciens, mais chez les Cinq Cents c'était du tumulte, de toutes parts : « A bas les dictateurs ! Point de dictature ! Vive la Constitution ! la Constitution ou la mort ! les baïonnettes ne nous effrayent point, nous sommes libres ici. » Ces paroles sont suivies de nouveaux cris ; quelques députés furieux répètent en regardant le frère de Bonaparte, le président Lucien : « Point de dictature ! A bas les dictateurs ! »

Lucien rappelle les députés à l'ordre, il les exaspère davantage. On propose de prêter serment à la Constitution ; la proposition est acceptée ; on demande l'appel nominal, il est adopté : chaque député prête serment à la tribune, aux cris et aux applaudissements de tous.

Le moment était critique, Bonaparte conseillé prend la résolution de se présenter aux deux conseils avec son état-major. Il entre de vive force chez les Anciens et au milieu de cris injurieux justifiés par son audace, il leur dit :

« Citoyens représentants, vous n'êtes point dans des « circonstances ordinaires, mais sur un volcan; permet- « tez-moi quelques explications : vous avez cru la Républi- « que en danger, vous avez transféré le Corps Législatif à « Saint-Cloud (c'était le résultat de son machiavélisme), « vous m'avez appelé pour assurer l'exécution de vos dé- « crets, je suis sorti de ma demeure pour vous obéir « (pourquoi pas de force?) et déjà on nous abreuve de « calomnies, moi et mes *compagnons d'armes.* On parle « d'un nouveau Cromwell, d'un nouveau César. Citoyens, « si j'avais voulu d'un tel rôle, il m'était facile de le pren- « dre au retour d'Italie, et lorsque l'armée et les partis « m'invitaient à m'en emparer; je ne l'ai pas voulu alors, « je ne le veux pas plus aujourd'hui; ce sont les dangers « seuls de la patrie qui ont éveillé mon zèle *et le vôtre.* « Cette guerre civile qui est au moment d'éclater dans « l'Ouest, nous ramènerait certainement aux plus tristes « journées de 93; prévenons tant de maux; sauvons les « deux choses pour lesquelles nous avons fait tant de sa- « crifices : la liberté et l'égalité! »

Parlez de la Constitution! lui dit-on. Il répond, en appelant Machiavel à son secours :

« Cette Constitution dont vous parlez, tous les partis « veulent la détruire; ils sont tous venus me faire confi- « dence de leurs projets et m'offrir de les seconder. (Pau- « vre homme... incapable.) Mais, s'il le faut, je nommerai « les partis et les hommes. » — Nommez-les! Nommez-les! Demandez un comité secret! — Il répond par des menaces : « Environné, dit-il, de mes frères d'armes, je « saurai vous seconder; j'en atteste ces braves grena- « diers dont j'aperçois les baïonnettes et que j'ai si sou- « vent conduits à l'ennemi; j'en atteste leur courage; « nous vous aiderons à sauver la patrie, et si quelque ora- « teur (en élevant la voix et portant la main sur son épée) « si quelque orateur payé par l'étranger parlait de me

« mettre hors la loi, alors j'en appellerais à mes com-« pagnons d'armes. Songez que je marche accompagné « du dieu de la Fortune et du dieu de la Guerre ! »

Il devait ajouter : Je suis le type du mensonge et le type de l'hypocrisie, puissants secours quand on veut les employer et quand on a des baïonnettes pour les appuyer.

Bonaparte, satisfait de son audace, encouragé par la lâcheté des Anciens, se présente au milieu des Cinq Cents, qui crient immédiatement : « A bas le dictateur! Point de dictature ! Vive la Constitution ! A la porte le tyran, l'infâme. » Une rixe s'engage, des poignards luisent entre les mains de Bonaparte et de ses affidés. Bonaparte sort, court à ses troupes, leur dit que ces misérables avocats ont osé porter la main sur lui, le menacer du poignard, qu'un coup mal dirigé lui était destiné, *que ces députés étaient des assassins, qu'ils voulaient vendre leur pays à l'étranger, qu'ils voulaient désarmer l'armée.*

Un moment le calme est rétabli dans l'Assemblée ; le mot terrible de hors la loi est prononcé. Lucien comprend la portée du mot. Le tumulte augmente, des grenadiers pénètrent dans la salle et en font sortir Lucien. Ce dernier dit aux soldats *que des assassins ont envahi l'Assemblée,* qu'ils font violence à la majorité, qu'il les somme de marcher pour les délivrer, jurant (car tous les Bonaparte sont toujours prêts à jurer), que lui et son frère seront les défenseurs fidèles de la liberté. Murat à la tête d'un bataillon, pénètre dans le sanctuaire des lois. A la vue des baïonnettes, les députés crient : « A la porte ! » Des coups de baïonnette sont portés, les députés poussent des cris affreux, les tambours font un roulement, les officiers crient de nouveau en avant ! Les députés sont forcés pour échapper à une mort certaine de fuir par les fenêtres en les arrosant de leur sang, et Bonaparte reste ainsi maître absolu.

Il aurait fait fusiller les cinq cents membres de cette assemblée, plutôt que d'abandonner son projet, et pour sauver, bien entendu d'après lui seul, la France qu'il ose appeler son pays !

III

COMPLOT OURDI PAR LE PREMIER CONSUL BONAPARTE. — EXÉCUTION DE 30 INNOCENTS.

Après le 18 brumaire, Bonaparte était maître de la France. La consternation était dans tous les cœurs. Il n'avait point fait son 4 décembre avec des soldats avinés, la police était chargée de lui fournir sa main, toujours prête pour quelque argent ou quelque or, à servir l'ambition d'un faux roi ; cet étranger qui voulait faire de tous les Français des mouchards et des espions, protégeait aussi cette gent qui présidait les banquets et qui avait ses entrées libres aux Tuileries.

A la vérité, il était juste, non-seulement de la récompenser, mais de la faire briller, car elle servait admirablement son ambition. Quelques-uns de ces misérables, par l'intermédiaire d'un nommé Harel, s'introduisent dans une société composée de Topino-Lebrun, élève de David, peintre remarquable, Arena, Ceracchi, Demerville et plusieurs autres jeunes gens, sinon tous remarquables, du moins parfaitement respectables, tous ennemis du despote, mais incapables de frapper un homme. Ces hommes vendus, excitèrent l'enthousiasme de ces jeunes gens jusqu'au délire, aveugles parce qu'ils étaient naturellement trop francs, et par conséquent incapables de réaliser une mauvaise idée. Après les avoir entretenus de conspirations, ils leur apportèrent des poignards, choisissant eux-mêmes le lieu de l'exécution.

Je copie M. Thiers (*liv. VI, Armistice,* p. 145).

« Les prétendus assassins vinrent en effet au rendez-vous, mais pas tous et pas armés. Topino-Lebrun n'y était pas, Demerville non plus, Arena et Ceracchi se présentèrent seuls. Ceracchi s'était plus approché que les autres de la loge du premier consul, mais il était sans poignard. Il n'y avait de hardis, de présents sur les lieux, et d'armés que les conspirateurs placés par Bonaparte sur le théâtre du crime. On arrêta Ceracchi, Arena et successivement tous les autres, mais la plupart chez eux ou dans la maison dans laquelle ils étaient allés chercher un refuge.

« Le lendemain, la police de Bonaparte et tous ses affidés, montraient des jacobins partout, ils parlaient de Robespierre, de Marat, des noyades de Nantes; aussi le tribunat se rendit-il en corps, et toutes les autorités publiques suivirent-elles cet exemple, et une multitude d'adresses furent-elles envoyées au premier consul, au véritable conspirateur qui ne reculait point devant 20 ou 30 têtes pour faire un pas de plus vers le consulat à vie, qui devait le conduire ensuite à poser sur sa tête la couronne de saint Louis.

« Il faut que ces crimes et ces infamies soient de notre siècle pour pouvoir y ajouter foi.

« Toutes ces adresses pouvaient se résumer par ces paroles du corps municipal de Paris :

« Général!

« Nous venons au nom de nos concitoyens vous exprimer l'indignation profonde qu'ils ont ressentie à la nouvelle de l'attentat médité contre votre personne.

« Trop d'intérêts.....

« Que les ennemis de la France cessent de vouloir votre

perte et la nôtre, qu'ils se soumettent à cette destinée qui, plus puissante que tous les complots, assurera votre conservation et celle de la République, nous ne vous parlons pas des coupables, ils appartiennent à la loi. »

Jugement de M. Thiers (*liv. VI, Armistice,* p. 145).

« Les conspirateurs souhaitaient sans aucun doute la mort du premier consul, mais ils étaient incapables de le frapper de leurs propres mains, et en les encourageant, en leur fournissant ce qui était le plus difficile à trouver, de prétendus exécuteurs, on les avait entraînés dans le crime, plus qu'ils ne se seraient engagés si on les avait livrés à eux-mêmes. Si tout cela ne devait aboutir qu'à une punition sévère, mais temporaire, comme on doit l'infliger à des fous, soit; mais les envoyer à la mort par une telle voie, c'était plus qu'il n'est permis de faire, même quand il s'agit de protéger une vie précieuse.

« On n'y regardait pas alors de si près; on instruisit sur-le-champ une procédure qui devait conduire ces malheureux à l'échafaud. »

Quel devait être le résultat de ce nouveau crime de César? La mort de trente patriotes, qui, loin d'avoir l'énergie de frapper leur tyran, n'ont même pas eu celle de venir au rendez-vous; quant aux deux conspirateurs présents, ils n'avaient pas sur eux le poignard qui leur avait été donné!

Le résultat a été d'exalter des hommes capables de poursuivre un projet arrêté jusques au bout. Trois hommes déterminés envoyés par le fanatique Georges qui devait servir admirablement la cause du fourbe Bonaparte, ont attenté à la vie du premier consul par l'explosion d'un baril de poudre dans la rue Saint-Nicaise. La fortune n'a point voulu que le perfide, qui avait déjà abandonné son armée en Égypte, qui avait forcé avec ses baïonnettes les Cinq Cents de se jeter par les fenêtres pour fuir une mort certaine, qui venait de faire périr sur l'échafaud trente innocents, fût atteint...... Elle voulait qu'il abandonnât encore trois fois son armée, qu'il fît assassiner 3,000,000 de Français, et qu'il amenât deux fois l'étranger à Paris avant de mourir sur le rocher de Sainte-Hélène.

Bonaparte, en homme versé dans le crime, profita de cet événement pour déporter 150 jacobins francs, loyaux, braves, désintéressés, qui avaient eu le malheur de prouver à cet homme qu'ils étaient la loyauté, la bravoure, le désintéressement même, et, en vrai Machiavel, il sut tirer parti de ce nouveau forfait pour compromettre les sénateurs en faisant ratifier par le sénat cet acte atroce.

Opinion de M. Thiers (*liv. VIII, Machine infernale,* p. 227).

« Cette mesure contre les terroristes, illégale et arbitraire, n'avait pas même la justice que l'arbitraire peut avoir quelquefois quand il frappe sur les vrais coupables, car les terroristes n'étaient pas les auteurs du crime, on savait la vérité; le ministre Fouché et le préfet de police Dubois n'avaient cessé de se livrer aux plus actives recherches, et ces recherches n'étaient pas restées sans succès.

« Rappelez-vous que les plus grands ennemis de tous les ambitieux sont les hommes d'une nature franche, loyale, désintéressée; les ambitieux, furieux de ne pouvoir gagner ces hommes dont leurs adulations soulèvent le mépris, sont toujours prêts à les déporter ou à les tuer. »

IV

LE GÉNÉRAL MOREAU, LE VAINQUEUR DE HOHENLINDEN, ENVOYÉ EN EXIL PAR UN GÉNÉRAL ÉTRANGER.

Bonaparte semblait tenir de la hyène et du renard; tout indiquait chez lui une nature étrangère à la race humaine; jeté sur la terre comme un fléau, il ne reculait devant aucune scélératesse pour augmenter sa renommée.

Tout aussi jaloux qu'ambitieux, sa conduite envers Moreau en est la preuve irréfragable. Cet insulaire, fatigué d'entendre parler continuellement du chef de l'armée du Rhin, résolut sa perte. J'ai déjà cherché à bien vous faire comprendre les moyens employés par ce Tartufe pour se débarrasser des Arena, des Lebrun; il profita de l'attentat de la rue Saint-Nicaise pour déporter 150 patriotes. Cette fois il profite d'une conspiration ourdie à l'étranger pour se débarrasser du vainqueur de Hohenlinden. Calcul infernal, à peine sur les traces du complot dont un certain Georges Cadoudal, nature franche et courageuse était le chef, qui consistait à attaquer d'une manière chevaleresque, en plein jour, le premier consul sur la route de Saint-Cloud, au milieu d'un fort piquet de cavalerie. L'imposteur de Jaffa habitué à tirer parti de tout, avant de se revêtir du manteau royal, couronna tous les forfaits imaginables en impliquant le nom de l'incorruptible Moreau dans cette affaire, en le faisant dénoncer par le prétendu domestique du fanatique Georges gagné par l'or et surtout par la promesse d'une haute position, comme ayant eu une entrevue de nuit avec son prétendu maître.

Les réponses dignes, simples et naturelles de Moreau devant ses juges, vous feront comprendre admirablement l'odieuse infamie de cette dénonciation. Le républicain Moreau conspirant avec les légitimistes Georges, de Rivière et de Polignac, hommes de cœur certainement, mais d'opinions différentes. Si Hoche, Kléber et Marceau, ces trois vainqueurs de la sublime et courageuse Vendée, ne fussent morts, ils auraient été aussi accusés. Non certes, ce n'était point la couronne que tu méritais, mais bien la camisole de force, et la France, pour avoir encensé un si grand criminel, méritait un ennemi moins généreux que le maître de Moscou.

On arrête Pichegru, le conquérant de la Hollande, et Moreau, le chef de l'armée du Rhin. Le premier consul voulait un tribunal spécial, il voulait des juges de son propre choix afin de prononcer la sentence avant le jugement, afin de dire à ces malheureux : Voici un innocent, je le sais, mais c'est un obstacle à mon ambition, vous le ferez fusiller.

Mais Moreau devait être plus heureux que le duc d'Enghien, les complices de Georges, dont Moreau était accusé de faire partie, ne pouvant appartenir par leur position à une commission militaire. Bonaparte voulait absolument faire juger Moreau et Pichegru par un conseil de guerre. Obligé de reculer devant une telle absurdité, d'envoyer les hommes d'un même complot devant des juges différents, effrayé de voir sa proie lui échapper, embauche juges et témoins, furieux, exaspéré de voir un général français, certainement bien supérieur à lui Corse, à qui Sieyès avait proposé maintes fois le coup d'État du 18 brumaire ; trop Français d'origine et de cœur pour vouloir renverser toutes les lois de son pays pour servir sa propre ambition, être l'idole de l'armée de Hohenlinden. Malgré ces vérités, c'est ce même général trop grand, trop magnanime pour accepter une telle proposition, qui est déjà dans les fers, qui va être traîné sur la sellette non pour en sortir plus grand, mais pour être envoyé en exil par un étranger, par ce même général qui a abandonné son armée en Égypte après avoir conçu un coup d'État qu'il fit le 18 brumaire, que Moreau avait repoussé de toute la force de son indignation. La consternation était déjà bien grande, 30 têtes innocentes étaient tombées, 150 honnêtes Français avaient été déportés. Le fils du vainqueur de Rocroy enlevé sur le sol étranger en pleine paix avait été fusillé nuitamment dans les fossés de Vincennes, quand on apprend que Pichegru avait été pendu dans sa prison. Sa vie, ses victoires, tout prouve incontestablement ce nouveau forfait du Corse. D'ailleurs le vainqueur de la Hollande sous la République du temps de Marceau, de Hoche, de Kléber et de Desaix, le vainqueur de Marengo ne pouvait être un lâche, et pour se pendre Pichegru l'aurait été doublement par l'acte lui-même et surtout comme la seule preuve vivante et irréfragable de l'innocence de Moreau ; ces deux raisons sont palpables et prouvent jusqu'à l'évidence que Bonaparte est le meurtrier de Pichegru. Voici ce grand général, ce grand tacticien devant des juges qu'il doit confondre par ses réponses :

Je copie M. Thiers (*liv. XIX, Empire,* p. 102).

« Moreau, interrogé sur la nature du complot, persistait à soutenir qu'il l'ignorait. — Oui, lui disait-on, vous avez repoussé la proposition de replacer les Bourbons sur le trône, mais vous avez consenti à vous servir de Pichegru et de Georges pour le renversement du gouvernement consulaire, et dans l'espérance de recevoir la dictature de leurs mains. — On me prête là, répondait Moreau, un projet ridicule, celui de me servir des royalistes pour devenir dictateur, et de croire que s'ils étaient victorieux, ils me remettraient le pouvoir. J'ai fait dix ans la guerre, et pendant ces dix ans je n'ai pas, que je sache, fait de choses ridicules.

« Ce noble retour sur sa vie passée avait été couvert d'applaudissements.

« Après plusieurs réponses aussi naturelles, les juges qui avaient reçu un ordre positif, étaient complétement désarmés ; ils voulaient le condamner, mais le public avait manifesté hautement son admiration pour le grand soldat tacticien, et son mépris pour des juges qui affectaient de croire coupable un tel général et qui espéraient le tromper par des questions faites pour dégrader le vainqueur de Hohenlinden. Dans cette occurrence comme dans toutes les conjonctures de cette nature, de tels moyens servent seulement à faire ressortir l'innocence de l'accusé, et à exciter le mépris de l'auditoire.

« Le président de plus en plus embarrassé l'accuse de non révélation ?

« —Vous voulez qu'un homme comme moi fasse le métier de délateur ! ! et d'ailleurs, poursuit-il naturellement, comment dénoncer des complots dont je n'avais pas connaissance ?

Le président, affectant toujours d'ajouter foi à sa complicité : (*Voyez* Thiers, *Empire*, page 103.)

« Vous le deviez en outre à un gouvernement qui vous a comblé de biens ; n'avez-vous pas de riches appointements, un hôtel, des terres ? — Le reproche était peu digne adressé à l'un des généraux les plus désintéressés du temps.

« — M. le président, avait répondu Moreau, ne mettez pas en balance mes services avec ma fortune ; il n'y a pas de comparaison possible entre de telles choses. J'ai 40,000 fr. d'appointements, une maison, une terre qui valent 300,000 à 400,000 fr., je ne sais ; j'aurais 50 millions aujourd'hui si j'avais usé de la victoire comme beaucoup d'autres.

« Rastadt, Biberach, Engen, Maesskirch, Hohenlinden, ces beaux souvenirs mis à côté d'un peu d'argent avaient soulevé l'auditoire et provoqué des applaudissements et des cris de : vive Moreau ! »

Si Pichegru avait pu parler, il aurait déclaré hautement que la déposition du prétendu domestique de Georges avait été achetée, et qu'un seul général avait eu une entrevue avec le courageux Georges, et une seule fois, que c'était lui Pichegru, pour abattre un imposteur, un usurpateur, pour rendre la liberté à la France. Mais ce général, ce conquérant de la Hollande avait été trouvé pendu dans sa prison, le lendemain d'un interrogatoire où il avait certifié et prouvé l'ignorance complète de Moreau par rapport au complot de Georges. Cependant le vainqueur de Rastadt, Biberach, Engen, Maesskirch Hohenlinden fut condamné à 2 ans de prison, non pour sa complicité matérielle, mais pour sa conduite morale répréhensible, disait l'arrêt. Mais le président, en le prononçant, avait bien peint sur sa figure sa culpabilité morale. Étrange récompense de trois généraux de la république ! deux Français et un étranger, un Corse ! L'un mort pendu dans sa prison, l'autre trop Français pour accepter la proposition de Sieyès de violer les lois de son pays, jeté dans les fers par cet étranger qui a abandonné son armée déjà moissonnée par la peste, sans vêtements, sans armes, sans munitions, de l'autre côté des mers pour violer le sanctuaire des lois de la France, et ceindre ensuite la couronne de saint Louis.

Observation de M. Thiers (*Empire,* page 105).

« Quand les débats furent terminés, quand les juges se furent retirés pour délibérer par ordre du premier consul, on a cherché à pénétrer auprès d'eux. »

Dans un autre passage, M. Thiers ajoute :

« Cet arrêt causa un déplaisir mortel au nouvel empereur qui s'emporta vivement contre la faiblesse de cette justice que d'autres en ce moment accusaient de barbarie; il manqua même de la mesure que l'autorité suprême doit ordinairement s'imposer surtout en matière aussi grave. »

Étrange contraste avec ce préfet de police qui arrivait à 6 heures à Vincennes pour ordonner de surseoir à l'exécution du duc d'Enghien qui avait été et qui devait être, par ordre de Bonaparte, fusillé nuitamment dans les fossés de Vincennes.

Ah ! France, peux-tu permettre ainsi à un étranger de faire couler en pleine nuit ton plus noble sang?

V

LE DUC D'ENGHIEN, DESCENDANT DU GRAND CONDÉ, VAINQUEUR DE ROCROY, FUSILLÉ NUITAMMENT DANS LES FOSSÉS DE VINCENNES.

Bonaparte, qui semblait sortir des entrailles d'une hyène, marchait de crime en crime. Après avoir fait mourir 30 jeunes gens, déporté 150 honnêtes Français, torturé et fait pendre Pichegru, il veut s'abreuver d'un sang royal, il est *repu* du sang plébéien, il va chercher la victime sur le sol étranger, et pour assouvir sa passion, il viole le droit des gens, il fait enlever nuitamment à Ettenheim le duc d'Enghien qui se livrait aux plaisirs de la chasse et passait le reste de son temps auprès de la belle duchesse de Rohan, qu'il devait épouser.

Depuis le grand Condé et Rocroy, l'héroïsme du sang

des Bourbons semblait s'être perpétué dans cette race. C'était la seule maison de la famille qui ne voulût tenir que l'épée; la gloire militaire de leur aïeul était pour eux une seconde noblesse qu'ils préféraient même à leur parenté avec le trône. Aussi le premier mouvement du jeune prince fut-il de sauter sur son fusil, de l'armer; il allait faire feu quand son domestique, en relevant l'arme, lui dit : Monseigneur, vous êtes-vous compromis?—Non, répondit-il.—Eh bien, alors ne tentez point une lutte impossible, nous sommes enveloppés par un rideau de troupes; voyez luire partout ces baïonnettes.

Quand il fut à Strasbourg, il dit naïvement : Il est temps que je sache pourquoi je suis ici. — Parce que vous avez conspiré contre le premier consul, lui dit-on. — « Quelle odieuse supposition ! s'écria ce beau jeune « homme de 22 ans, combien de tels complots sont con- « traires à ma façon de sentir et de penser; personne « n'a plus d'horreur des moyens de cette nature; j'ad- « mire personnellement le génie et la gloire du général « Bonaparte. » Naïveté des naïvetés !

Dans la lettre de Bonaparte au ministre de la guerre pour ordonner cette arrestation impie, il avait fait figurer le nom de Dumouriez pour atténuer l'infamie de son ordre, et par le fait il augmentait son crime, car il savait parfaitement où était le vainqueur de Jemmapes.

C'est pourquoi l'officier chargé de l'escorter lui demanda s'il avait des relations avec ce général. — Jamais Dumouriez n'a mis le pied à Ettenheim; s'il se fût présenté, je ne l'aurais pas reçu, car il est au-dessous de mon sang et de mon caractère surtout d'avoir affaire avec des conspirateurs.

Le duc d'Enghien avait déjà dit ces mots et il les répéta plusieurs fois durant le trajet. Aussitôt que j'aurai vu le premier consul, que je lui aurai donné quelques explications, je ne doute pas de recouvrer ma liberté.

Étranges paroles rapprochées de la lettre autographe, de cet insurgé contre les lois de la France et de l'humanité, au gouverneur de Vincennes :

« Le duc d'Enghien arrivera cette nuit. Son nom et « tout ce qui lui sera relatif sera tenu secret, vous ne lui « ferez aucune question, ni sur ce qu'il est, ni sur les « motifs de sa détention. Vous-même vous devez ignorer « ce qu'il est. Vous seul devez communiquer avec lui, et « vous ne le laisserez voir à qui que ce soit. »

Le petit-fils du grand Condé était le 20 à 8 heures du soir à Vincennes. Il dit à ce gouverneur : Ce ne peut être que l'affaire de quelques jours de détention, le temps seulement de reconnaitre une erreur et mon innocence.

Murat fit appeler le colonel Preval, jeune militaire déjà renommé par son talent d'exposition et de parole dans les conseils de guerre ; il lui annonça que le premier consul avait jeté les yeux sur lui pour être le rapporteur d'une affaire d'État, dans laquelle un grand criminel était impliqué. Le colonel ayant demandé le nom de ce grand coupable, et Murat ayant prononcé confidentiellement le nom du duc d'Enghien, Préval déclina avec un noble instinct des convenances, les fonctions qui lui étaient imposées dans un tel procès. — « J'ai fait mes premières « armes avant la révolution, dit-il, dans le régiment du « jeune prince. Mon père et mes oncles servaient avant « moi sous les ordres de Condé. Le rôle d'accusateur de « leur fils et de leur petit-fils flétrirait mon cœur et dés« honorerait mon épée. »

Il communiqua ce refus au premier consul. Bonaparte savait que Murat comprenait et sentait comme le jeune officier, mais il voulait tromper son ministre. Il parla de la crainte de remuer trop profondément l'opinion royaliste soulevée par la lenteur et la solennité de longs débats retentissants dans la Vendée. En un mot, il feignit de consulter Murat pour le compromettre, pour rejeter sur son ministre de la guerre la mort du duc d'Enghien, si sa fortune l'abandonnait.

Jamais, jamais Bonaparte n'a pensé à faire juger le duc d'Enghien, en le faisant enlever par ses gendarmes à Ettenheim. Tout était parfaitement arrêté dans sa tête. Promptitude, secret, silence, bâillon sur la défense, voile jeté sur la victime, coup frappé sans retentissement. Il trouvait toutes ces conditions de son crime dans un jugement par une commission militaire sans formalité, sans publicité, sans lenteur, nocturne, rapide, instantanée, jugeant et frappant du même coup sous les voûtes et dans les fossés d'une prison d'État.

Bonaparte s'arrêta à ce mode conforme à des vengeances, ou à ses précautions d'État du Conseil des Dix et des cachots sans échos de Venise. Le génie tragique de l'Italien respirait tout entier dans ce tribunal, dans ces juges et dans cette exécution de nuit. Seulement Venise n'exécutait et ne jugeait ainsi que ses citoyens, et n'envoyait pas ravir ses victimes sans défiance à l'inviolabilité de l'asile étranger.

Savary parti de la Malmaison à 6 heures, avait reçu de Bonaparte dans son cabinet de sa propre main, la lettre scellée contenant les instructions du Corse à Murat.

Le dernier paragraphe de cet autographe de Bonaparte portait le nom des juges choisis *ad hoc* avec ordre de les faire partir dans le plus bref délai pour Vincennes afin d'y juger sans désemparer le prévenu.

Bonaparte avait rédigé un rapport sur les prétendues conspirations auxquelles le prince était odieusement mêlé par les révélations mensongères des explorateurs de police sur le Rhin et à Londres, et l'avait remis à Savary avec l'ordre formel que tout fût fini avant le jour.

Ce beau, ce courageux jeune homme, arrivé à 8 heures à Vincennes, s'était, après son souper, profondément endormi, n'ayant point fermé l'œil depuis son arrestation de l'autre côté du Rhin, ne pensant point le moment fatal si près. Il fut réveillé à minuit avec ordre de s'habiller tout de suite pour se présenter devant ses juges.

Aux questions posées par le rapporteur, il répondit qu'il se nommait Henry de Bourbon, duc d'Enghien, né à Chantilly, qu'il avait quitté la France à une époque dont il se souvenait à peine, emmené par le prince de Condé et par son père le duc de Bourbon; qu'il avait erré avec sa famille en Europe, qu'il avait habité pour son plaisir les montagnes du Tyrol, visité la Suisse, et qu'enfin ayant demandé au prince de Rohan la permission d'habiter ses terres du duché de Bade, il s'était fixé à Ettenheim ; qu'il n'avait jamais été en Angleterre, que des raisons intimes et son goût pour la chasse étaient les motifs principaux de sa préférence pour ce séjour, qu'il correspondait naturellement avec son grand-père et son père, qu'il n'avait jamais eu la moindre relation avec le général Pichegru, qu'il avait écrit quelquefois en France à d'anciens camarades.

Le prince après ces réponses claires et franches comme son âme, exprima le désir d'avoir une entrevue avec le premier consul; on a vu que depuis son arrestation il a toujours roulé cette pensée dans son esprit; il la rédigea ainsi de sa propre main avant de signer son interrogatoire :

« Je fais avec instance la demande d'avoir une audience particulière du premier consul; mon nom, mon rang, ma façon de penser, et l'horreur de ma situation me font espérer qu'il ne se refusera pas à ma demande.»

Le rapporteur ayant remis cette pièce aux juges, quelques-uns émirent l'avis de surseoir au jugement jusqu'à ce que ce vœu eût été transmis à Bonaparte; une heure et un planton y suffisaient.

Savary qui avait reçu un ordre positif, qui connaissait la volonté du premier consul, leur ordonna de le juger tout de suite. Les juges étaient atterrés, ils étaient militaires et devaient exécuter les ordres du chef, et ces ordres étaient de le condamner à mort.

Amené devant ses juges, la contenance de ces derniers était moins naturelle que celle de l'accusé, sa voix était claire, ses réponses positives, les mêmes que celles exposées dans l'interrogatoire. La voix du président, au contraire, paraissait étouffée, les autres juges se cachaient la figure dans leurs mains ; ils comprenaient leur complicité : sa noble figure, sa pose naturelle, sa voix claire, ses réponses précises et catégoriques sans la moindre hésitation, tout prouvait sa parfaite innocence. Aussi les rôles paraissaient intervertis, tout chez les juges prouvait leur lâcheté, leur culpabilité, leur crime, et cependant tous prononcèrent le mot terrible, le mot fatal ! — A la vérité on aurait juré qu'ils prononçaient chacun leur propre arrêt de mort.

Il appartenait maintenant à Savary, qui avait tout préparé pour l'exécution. Pendant qu'on jugeait le duc d'Enghien, le fossoyeur creusait la fosse. Ah ! Bonaparte, tu avais bien mérité d'être enterré vivant.

Cependant le remords s'empare des juges, un moment ils ont honte de leur lâcheté. Le président adresse une lettre en leur nom au premier consul. Que faites-vous là, lui dit l'homme du compatriote de Fieschi, en s'approchant d'Hullin. — J'écris au premier consul, répondit le président, pour lui exprimer le vœu du condamné et le vœu du conseil.

Savary retirant la plume des mains du président : Votre affaire est finie, lui dit-il, maintenant cela me regarde. Hullin céda à l'ascendant du général qui commandait souverainement dans le château. Il se leva avec douleur, il comprenait sa faute, je pourrais dire son crime ; il se plaignit à ses collègues d'un tel despotisme et ils rentrèrent ensemble dans Paris.

Savary pour exécuter à la lettre les ordres du maître et comme s'il eût redouté de voir sa proie lui échapper dans cette cour remplie de troupes, entourée de fossés ; dans cette prison cernée par plusieurs régiments, Savary invita ce jeune prince de 22 ans à le suivre ; son seul crime était d'être le petit-fils du vainqueur de Rocroy. Le général le précéda une lanterne à la main dans les corridors, dans les passages et dans les cours qu'il fallait traverser pour se rendre à la tour appelée la *tour du diable*. L'intérieur de cette tour renfermait le seul escalier et la seule porte descendant et ouvrant sur la profondeur des fossés. Le prince, à l'horreur du lieu et à la profondeur des degrés s'enfonçant au-dessous du sol, commença à comprendre qu'on ne le conduisait pas devant ses juges, mais devant des meurtriers ou dans les ténèbres d'un cachot. L'indignation s'emparant de ce cœur noble et vraiment courageux : Où me conduisez-vous ? si c'est pour m'ensevelir vivant dans un de ces cachots, j'aime mieux encore mourir sur l'heure.

Arrivé dans le fossé, on lui lut le jugement de la commission militaire qui avait été rédigé par la main sanguinaire de Bonaparte.

Le jeune prince l'écouta comme le digne fils du vainqueur de Rocroy ; il demanda si on pouvait lui donner la consolation d'être assisté par un prêtre.

— Tu veux donc mourir en capucin !

Telle fut la réponse bien digne du complice de cet homme qui, au Caire, se vantait d'avoir détruit la papauté, et qui, en France, se posait en restaurateur de la religion. On lui plaça une lanterne sur la poitrine et le peloton fit feu. Le jeune, le beau, le noble prince, frappé comme de la foudre, tomba sans un cri.

Misérable brigand, infâme lâche, si tu ne t'étais pas caché dans un pli de terrain à Waterloo durant les trois dernières heures du combat le plus acharné, quand la vieille garde t'appelait en se faisant immoler jusqu'au dernier pour toi, je pourrais te comparer à ce Richard III d'Angleterre, à cet assassin des fils d'Édouard, qui voulait forcer ensuite leur mère à l'épouser; mais il est mort en combattant.

Le crime était grand; l'infamie devait encore surpasser le forfait.

L'ordre était positif, tout devait être fait nuitamment, et la terre devait recouvrir le corps de la victime avant le jour, au plus tard à 3 heures du matin. Nous étions le 20 mars, à 6 heures, quand M. Savary rentrait à Paris, justement douze heures après avoir quitté le cabinet du premier bourreau, il rencontra le préfet de police lui-même qui venait, de la part du parjure, lui donner l'ordre de surseoir à l'exécution.

VI

AFFAIRE D'ESPAGNE. — GUET-APENS DE BAYONNE.

Vous devez facilement comprendre que ce Bonaparte, ce Néron du XIXe siècle, qui n'avait point reculé devant cette horrible comédie de Jaffa pour relever le moral de ses soldats, qui avait fait un appel à la guerre civile en violant la Constitution pour être élu consul, qui avait tramé un complot et fait guillotiner 30 innocents, pour être nommé consul à vie, qui exila Moreau, assassina Pichegru, fusilla le dernier rejeton des Condé pour placer sur sa tête la couronne de Henri IV, devait commettre bien d'autres crimes pour entrer à Berlin, à Vienne, à Madrid.

Je ferai mon possible pour vous initier aux moyens employés par ce conquérant pour faire ses entrées triomphales, dans ces capitales, en prenant celle d'Espagne pour exemple.

Mais si sa politique est une grande infamie, elle est aussi un exemple de trahison inouïe; le sang de notre généreuse France paya bien cher le machiavélisme de ce tyran, car cette guerre coûta à mon pays au moins un milliard en numéraire, un million en hommes et l'envahissement du Midi par l'étranger.

Cette seule observation doit vous donner une idée de la grandeur du forfait; mais, chose étrange! c'était la France aussi qui devait subir le châtiment, et non pas seulement Bonaparte.

Vous devez vous rappeler que ce Corse, en commettant en France les crimes les plus atroces, trouvait des hommes assez stupides, assez infâmes pour l'admirer et par conséquent pour l'exciter dans cette voie dangereuse, et un peuple assez insensé pour prêter son appui aux massacres d'Arena, Lebrun... de Pichegru, du duc d'Enghien. Il était juste qu'un jour ce pays expiât les fautes de son tyran, car il était du devoir de cette nation de faire justice immédiatement de cet usurpateur.

Avant d'entrer dans le détail de cette nouvelle perfidie, il est nécessaire de vous dire la position de Bonaparte et de la maison régnante d'Espagne.

Bonaparte était en guerre avec l'Angleterre sous prétexte de fermer les ports d'Espagne au commerce anglais; il entra en Castille avec une armée et fut reçu en ami dans ce pays.

La maison régnante comptait seulement quatre personnages: le Roi Charles IV, vieillard incapable et sans énergie; une reine, femme fort méchante et très-vindicative; le prince de la Paix pour premier ministre, homme perfide et dangereux qui avait une influence extrême sur le roi, et qui était le souverain maître de la reine. Cette femme, par sa conduite immorale, avait excité le mépris du peuple; le gaspillage des fonds de l'État par Godoy l'avait exaspéré. La dépravation et la dégradation de cette cour faisaient désirer au peuple le règne du fils.

Ferdinand, son fils unique, était digne d'une autre mère; ce jeune prince, profondément instruit, avait donné dans maintes circonstances des preuves palpables de son courage et de son dévouement. Aussi était-il respecté et aimé sincèrement du peuple espagnol. Le prince des Asturies, d'un discernement trop élevé pour ne pas comprendre la faiblesse du roi son père, et l'ascendant du ministre Emmanuel sur la cour, employa constamment toute son énergie et toute sa capacité pour éloigner de ses parents bien-aimés le fourbe, le vaniteux, l'orgueilleux et le traître Emmanuel. Mais la position de ce jeune prince était fort critique : plus il témoignait de respect et d'amitié à son père et à sa mère, plus il faisait d'efforts à montrer une soumission complète, plus le ministre Godoy faisait d'efforts de son côté pour prouver à la reine mère que si le prince des Asturies lui donnait tant de preuves d'amitié, c'était dans l'unique but de la trahir plus facilement; or, pour toutes les personnes qui possèdent le moindre jugement, il est clair que l'homme qui pouvait le mieux servir la cause de Ferdinand, si ce fils avait voulu détrôner ses augustes parents, était la présence du prince de la Paix, archiméprisable et archidétesté de ces descendants des Maures.

Or, le prince des Asturies en employant tous les moyens pour éloigner des deux monarques, ce ministre fourbe et dangereux, prouvait incontestablement par ce fait son respect et son profond attachement pour ses parents. et pour la nation un désintéressement sans bornes.

Ferdinand, doué de toutes les qualités nécessaires pour faire un roi accompli, fit inutilement tous les efforts imaginables pour éloigner Godoy, car il avait su se rendre indispensable aux royaux époux.

Si je me suis étendu sur les grandes qualités du jeune prince, c'est pour mieux vous prouver une fois de plus le machiavélisme du sanguinaire Bonaparte, car il a fait tous ses efforts pour noircir la réputation du roi d'Espagne, pour atténuer l'infamie de sa conduite dans ce guet-apens, je vous le répète, ce prince en cherchant à éloigner Godoy de la cour ne donnait-il pas une preuve évidente d'amitié et de respect pour ses parents, et de désintéressement pour la nation?

Bonaparte, toujours d'après son grand principe — quand il vous avait fait tomber, vous deveniez son homme — et comme il était le souverain de la France, il vous présentait sous un bon ou un mauvais tableau suivant ses intentions perfides — or, il n'était point dans son intérêt pour le résultat de son plan infâme de vous le montrer sous sa véritable forme, car ce jeune monarque était certainement bien doué de toutes les qualités pour rendre son peuple heureux. Je ne peux vous donner une meilleure preuve de la vérité de mes paroles qu'en vous rappelant son acharnement à réclamer son jeune roi prisonnier du parjure Bonaparte, dont la résistance opiniâtre de Sarragosse est un des mille exemples que cette nation a donnés durant six ans de guerre acharnée.

Car un peuple ne livre point aux flammes des centaines de villes, et au canon des millions d'hommes pour un roi qui n'est point digne de le commander.

Par exemple, la belliqueuse France, si noble, si fière sous la République, luttant avec avantage contre l'Europe coalisée, ne s'empressa-t-elle pas d'ouvrir deux fois et ses villes et sa capitale aux Prussiens, aux Russes et aux Autrichiens, aux ennemis de son bourreau?

Ce fameux despote voulait détruire, effacer de la surface du globe l'Angleterre toute-puissante sur mer, mais l'acharnement de ce tyran contre la Grande-Bretagne devait promptement le précipiter, car sa haine, digne d'un Corse, lui suggéra un moyen qu'il voulait s'efforcer de croire grandiose, qui était absurde; il avait voulu lutter contre l'Angleterre avec les flottes d'Espagne et de France combinées, et par cela même il avait porté le dernier coup à la marine française à Trafalgar.

Ne s'était-il pas persuadé que, sans un vaisseau, il pourrait fermer tous les ports du monde au commerce anglais? Oui, cet insulaire vaniteux était arrivé à penser sérieusement à l'impossible.

A la vérité, ce projet n'est pas plus insensé qu'une lutte contre les éléments. Et n'a-t-il pas essayé d'engager cette lutte à l'approche de l'hiver dans les champs de Moscou? Cet ambitieux avait donné à son idée le nom de *blocus continental;* avec ce grand mot il savait éblouir les imbéciles, et le nombre en était grand!

Les Laguerronnières de ce temps-là ne prouvaient-ils pas par A plus B que cet usurpateur pouvait, sans un seul vaisseau, fermer tous les ports de l'Europe aux flottes anglaises; qu'il pouvait, sans un seul vaisseau, arrêter toutes les croisières anglaises, ruiner l'Agleterre et la forcer à implorer sa grâce et son pardon?

Pour vous prouver l'absurdité de ce système, Bonaparte, qui avait déjà perdu toutes nos riches colonies des Antilles, vendu la Louisiane, et enterré toute une armée à Saint-Domingue; n'a pas pu seulement s'opposer au débarquement d'une armée anglaise de 20,000 hommes à l'embouchure de Mondego, sous les ordres d'Arthur Wellesley qui battit complétement Junot à Vimeiro et le força de signer la fameuse capitulation de Cintra stipulant l'évacuation du Portugal.

Mon plan n'est pas de suivre ce monstre dans tous ses revers, car ils sont nombreux. Ce despote qui se promenait toujours au milieu des acclamations d'un peuple muet savait nous cacher ses défaites quand il n'en faisait pas des victoires ; mon plan est de vous dérouler son machiavélisme dans la question d'Espagne.

Il avait fait marcher une armée sur Lisbonne. La Famille royale à la vue de tant de soldats, se figurant avec raison que l'intention de Bonaparte n'était point seulement de fermer un débouché aux marchandises anglaises, mais cachait son projet contre la royauté du pays, la cour aussitôt, avec les grands de la nation, se précipitèrent avec leurs bijoux et leurs objets les plus précieux sur quelques vaisseaux portugais et firent voile vers le Brésil qui offrait à cette cour une autre patrie. Ce n'était plus une armée, mais plusieurs qui étaient en marche aux portes de Madrid, en Espagne, à la frontière, mais le peuple espagnol était sans défiance : ne s'était-il pas montré l'ami dévoué de l'insulaire? n'avait-il pas sacrifié ses vaisseaux à Trafalgar pour faire triompher Bonaparte des Anglais? Mais il n'en était point ainsi du prince de la Paix; ce parvenu connaissait le Borgia moderne ; il savait que quand il vous donnait la main, de l'autre il vous frappait avec son stylet. Bonaparte en grand juge devina Godoy, expédia des espions parfaitement initiés à ses secrets, auprès de la cour du ministre et de Ferdinand VII, et plus tard au peuple.

Les premiers avaient mission d'effrayer les monarques, de leur montrer leur fils comme un perfide, comme un traître qui voulait ceindre tout de suite la couronne royale et qui ne reculerait même pas devant un crime pour satisfaire son désir; que le prince de la Paix était un ministre fort prudent, fort clairvoyant, qu'ils devaient avoir entière confiance en lui, que c'était un ami dévoué et prêt à tout sacrifier pour sauver leurs têtes, que si le prince des Asturies parvenait à entraîner le peuple dans une révolte; que dans une telle circonstance ils feraient peut-être bien d'en référer à Bonaparte, qu'il était l'ennemi juré de tous les révolutionnaires. (18 Brumaire.)

Ceux envoyés auprès de Godoy, qui possédaient déjà sa pensée, devaient l'encourager à conseiller aux vieux monarques de suivre l'exemple de la cour de Bragance, de prendre la fuite. Sans présenter Bonaparte sous son véritable portrait, ils ne dissimulaient point à ce ministre qu'il n'était point satisfait de sa conduite, qu'il n'avait point exécuté ponctuellement ses ordres, que la marine espagnole était dans de très-mauvaises conditions, que les arsenaux n'offraient point les résultats qu'il en espérait, que les finances étaient totalement délabrées, que Bonaparte avait l'intention de se montrer très-sévère à son égard, qu'il avait parlé souvent qu'il lui connaissait une énorme fortune, qu'il pourrait conseiller à ses protecteurs de l'éloigner. Comme amis et comme admirateurs de son génie, ils lui conseillaient de profiter tout de suite de son ascendant sur le roi et sur la reine pour les engager immédiatement, sinon à quitter l'Espagne, au moins à se retirer tout à fait dans le midi, que c'était le seul moyen de conserver son pouvoir et de sauver ses trésors.

Les émissaires envoyés auprès du prince des Asturies avaient une mission plus difficile à remplir, car ce jeune prince était profondement pénétré de ses devoirs et envers ses parents et envers la nation, et était d'un discernement trop remarquable pour ne pas découvrir facilement la vérité, et comme les intentions du perfide Bonaparte étaient d'attirer ce jeune roi en France, il fallait déployer tous les artifices d'un grand astucieux ; aussi les espions avaient ordre seulement de faire l'éloge du jeune prince avec une grande réserve, de l'entretenir souvent de Bonaparte et de chanter souvent la gloire de ce dernier, de lui parler de ses conquêtes, de ses grands projets, de lui faire sentir que ses respectables parents auraient pu entretenir la marine espagnole sur un autre pied, que leur ami tout dévoué le ministre était bien vieux, mais que Bonaparte savait parfaitement que ce n'était pas une raison pour éloigner un ami si fidèle qui les servait avec un beau dévouement depuis un si grand nombre d'années; que quand son royal père aurait cessé de vivre, il trouverait en Bonaparte un ami bien fidèle et bien dévoué qui ferait tous ses efforts pour l'aider à assurer la prospérité de sa nation, que Bonaparte aurait en lui un puissant allié contre la Grande-Bretagne.

En résumé, les uns devaient montrer à la mère, dans ce bon fils, un perfide, un traître; dans Godoy, un ami dévoué, honnête et capable, et à ce fils, en Bonaparte, un ami sincère, tout-puissant, et désirant ardemment le voir possesseur de la couronne d'Espagne dans son propre intérêt, mais ennemi des révolutions. Vous comprendrez mieux l'infamie de ce dernier mot en lisant les ordres formels donnés aux agents bonapartistes répandus en grand nombre au milieu du peuple, et les ordres communiqués à Murat, alors général en chef. Les espions répandus au milieu du peuple avaient pour mission particulièrement d'encenser leur souverain maître par rapport à ses batailles, pour son dévouement à la prospérité de la France et au bonheur de ses sujets; de le représenter comme le restaurateur de la morale et de la religion, le soutien du pauvre, le consolateur de l'infortuné, le protecteur du riche, le meilleur des maris, le premier des rois, un modèle de vertus, la perfection même, d'assurer qu'il portait une grande affection à l'héritier présomptif, qu'il en parlait souvent avec admiration, qu'il serait bien heureux de le voir roi d'Espagne, que son avénement serait un grand bonheur pour le peuple espagnol, et certainement le commencement d'une grande et longue prospérité; que les deux monarques étaient vieux et pusillanimes, que ce misérable ministre était tout-puissant, qu'il était le maître absolu de la reine et par le fait le roi d'Espagne; que pour un peuple aussi noble et aussi fier, et pour les anciens sujets de Charles-Quint, qu'il était honteux d'être gouvernés par ce parvenu d'Emmanuel qui possédait tous les vices imaginables, qu'il était déjà l'auteur de bien des calamités pour les Espagnols, qu'il les conduirait infailliblement à une ruine complète, qu'il possédait des trésors immenses, incroyables, qu'un tel misérable ne pouvait rester plus longtemps le maître de ce beau et fier pays, qu'une fois Ferdinand roi, il n'y aurait plus de Pyrénées, que Bonaparte qui était le souverain ennemi des Anglais et surtout du protestantisme, ne serait heureux que quand la religion catholique dominerait en Angleterre.

Ainsi Bonaparte gagna le Clergé espagnol fanatique et tout-puissant dans ce royaume. Ainsi Bonaparte conduisit ce peuple à se révolter contre son ministre et contre son roi pour donner la couronne à Ferdinand VII.

Le peuple ainsi travaillé par les espions et surtout par les prêtres qui se figuraient déjà faire triompher dans l'Europe entière le catholicisme, qui voyaient dans ce destructeur de tous les principes le restaurateur de la religion, déployèrent avec une ardeur démesurée tous leurs artifices et ils sont puissants; ainsi son représentant en Espagne, Murat, pouvait faire éclater cette révolution à jour fixe, aussi envoya-t-il quelques troupes à Aranguez, qui devaient protéger la révolte du peuple et même l'aider.

A l'exemple de la Cour de Bragance, celle d'Espagne, effrayée de plus en plus de la présence des troupes françaises, sachant que des armées étaient dirigées sur leurs frontières, s'était placée entre les mains d'Emmanuel; ce dernier lui ayant conseillé de fuir, elle faisait ses préparatifs de départ, quand le peuple, qui redoutait l'exemple de la cour de Portugal, prenait ses mesures (aidé par les Français) pour empêcher cette fuite. Une fois persuadé que Godoy la préparait, le peuple de plus en plus furieux s'élança dans les cours du palais d'Aranguez, acquit la certitude de la résolution du Roi. Alors la foule grossit, la fureur monta avec le nombre, les Espagnols crièrent : à bas le traître! mort au premier ministre! Ils s'élancèrent dans l'intérieur du château, firent une perquisition générale, toujours en poussant les mêmes cris; le roi et la reine épouvantés, pour sauver la tête de leur ami tout dévoué, ne reculèrent pas devant une abdication pour calmer ce peuple et le faire rentrer dans l'ordre; ainsi Ferdinand reçut la couronne des mains des espions de Bonaparte et des troupes françaises qui étaient présentes, car elles avaient ordre d'arrêter le peuple s'il n'avait point acclamé Ferdinand VII, s'il eût tenté de se déclarer le souveraint maître. Les augustes parents de ce dernier, persuadés que cet infortuné roi était le vrai perfide, tandis que c'était Bonaparte, s'empressèrent d'aller se jeter dans les bras de ce dernier pour lui demander sa protection. Vous devez penser que ce traître ne refusa point de prendre sous sa tutelle ces deux stupides vieillards, et afin de mieux séduire ces deux infortunés, il s'occupa ardemment du premier ministre, le fit enlever pendant la nuit par ses propres soldats, du palais d'Aranguez où il était resté caché pendant 48 heures.

Quelques jours après, quand Ferdinand VII entra en roi dans sa capitale, le général en chef de l'armée française, Murat, qui était en allié dans cette ville, et qui croyait travailler pour sa propre couronne, mit ses chevaux et ses voitures à la disposition des deux anciens monarques et de leur ministre, et s'empressa de les faire arriver à Bayonne, où ils devaient trouver leur vrai bourreau. Il fallait aussi faire marcher le jeune roi vers le sol français. La difficulté était plus grande; mais, comme ce prince était bien le roi légitime et représentait certainement le vœu de la nation, pour consolider son pouvoir et assurer l'amour de son peuple, il fallait le marier. Tout naturellement, Bonaparte avait à sa disposition une princesse belle, spirituelle, pour le fils de Charles IV, et les amis de ce Corse, toujours prompts à saisir la pensée de cet astucieux, firent comprendre à ce jeune roi que Bonaparte était tout-puissant, et était très-sensible aux prévenances; qu'il était un allié qu'il ne fallait pas négliger, qu'il était d'une bonne politique de marcher à sa rencontre, que Bonaparte en serait certainement bien flatté, et, pour lui témoigner et sa reconnaissance et son amitié, il lui trouverait tout de suite une princesse digne de lui et de sa position, que d'ailleurs, il en avait une fort remarquable qu'il lui destinait même avant cette heureuse révolution; qui lui donnait un si beau trône tout en délivrant le pays de cet infâme Godoy, de ce dangereux ministre.

On ne pouvait mieux choisir pour jeter dans un filet ce jeune prince déjà roi, aimé de son peuple, et tout dévoué à son pays, dont la seule inquiétude était de lui assurer une longue prospérité, que de lui parler d'une princesse remarquable pour reine.

Aussi s'empressa-t-il de partir et de marcher au-devant de Bonaparte, mais à mesure que ce jeune roi s'avançait vers la frontière et qu'il s'éloignait de sa capitale, il lui semblait abandonner son peuple et sa couronne. Mais il ne pouvait retrograder. Les gens initiés s'empressèrent de faire remarquer à ce malheureux jeune homme que s'il ne continuait point sa route, il pourrait blesser grièvement la susceptibilité de Bonaparte, que, si ce dernier pouvait s'imaginer un moment que le roi Ferdinand pourrait douter de sa bonne foi, il en serait certainement bien humilié.

D'ailleurs, disaient-ils, le roi Ferdinand est, certes, le roi légitime de l'Espagne, le peuple a chassé son père parce qu'il ne voulait pas se séparer de son ministre, et qu'il voulait abandonner son peuple en fuyant, que le peuple avait bien en toute liberté acclamé Ferdinand VII.

D'ailleurs, Bonaparte avait besoin des Espagnols pour combattre les Anglais, et pour détruire le protestantisme en Europe, que Ferdinand VII était un puissant ami et allié aimé de son peuple et digne de commander aux descendants des sujets de Charles-Quint.

Paroles de M. Thiers.

« Bonaparte commence par flatter le chanoine Escoiquiez, puis, sans autre préambule, il lui déclare qu'il avait fait venir les princes d'Espagne pour leur ôter à tous, père et fils, la couronne de leurs aïeux, que depuis plusieurs années il s'apercevait des trahisons de la cour de Madrid, qu'il n'en avait rien témoigné, mais que débarrassé maintenant des affaires du Nord, il voulait régler celles du Midi, que l'Espagne était nécessaire à ses desseins contre l'Angleterre, qu'il était nécessaire à l'Espagne pour lui rendre sa grandeur (1), que sans lui elle croupissait éternellement sous une dynastie incapable et dégénérée, que le vieux Charles IV était un roi imbécile, que son fils, quoique plus jeune, était tout aussi médiocre et moins loyal, témoin la révolution d'Aranjuez, *dont on savait le secret à Paris* (2), sans être obligé de venir à Madrid pour l'apprendre, que l'Espagne n'obtiendrait jamais sous de tels maîtres la régénération morale, administrative, politique dont elle avait besoin pour reprendre son rang parmi les nations, que lui Bonaparte ne trouverait jamais que perfidie, fausse amitié chez les Bourbons, qu'il était trop expérimenté pour croire à l'efficacité des mariages, qu'une princesse supérieure d'ailleurs n'est pas un trésor qu'on eût toujours à sa disposition, qu'en eût-il une, il ne savait pas si elle aurait action sur ce

(1) France 18 brumaire.
(2) Bonaparte en était l'instigateur.

prince, qu'il était conquérant après tout, fondateur de dynastie... »

Toujours M. Thiers.

« Bonaparte, impatient d'en finir, fit mouvoir les instruments qu'il avait à sa disposition ; d'après sa volonté une lettre fut adressée à Ferdinand par Charles IV, pour lui rappeler sa coupable conduite d'Aranguez, son imprudente ambition, son impuissance de régner sur un pays livré par sa faute aux agitations révolutionnaires et lui demander de résigner la couronne. » — Pag. 444, liv. 30.

Les nouvelles de Madrid arrivèrent le 5 mai à Bayonne; à 4 heures de l'après-midi, en les recevant, Bonaparte y vit sur-le-champ le moyen de produire la secousse dont il avait besoin pour terminer cette espèce de négociation entamée avec les princes d'Espagne ; il se rendit auprès de Charles IV la dépêche de Murat à la main (1) et montra plus d'irritation qu'il n'en éprouvait, de ces Vêpres Siciliennes dont on avait voulu faire l'essai à Madrid. Il aimait fort ses soldats, mais quand il en sacrifiait 10,000, 20,000 dans une journée, il n'était pas homme à en regretter une centaine pour un si grand intérêt que la conquête du trône d'Espagne ; néanmoins il simula l'irritation, devant ces vieux souverains qui furent fort effrayés de voir en colère celui dont ils dépendaient. On fit appeler les infants et à leur tête Ferdinand VII ; aussitôt entrés dans l'appartement ils furent apostrophés, par le père, par la mère avec une extrême violence :

« — Voilà donc ton ouvrage, dit Charles IV à Ferdinand VII, le sang de mes sujets a coulé, celui des soldats de mon allié, de mon ami le grand Napoléon a coulé aussi ; à quels revers n'aurais-tu pas exposé l'Espagne, si

(1) Résultat des travaux de sa police.

nous avions affaire à un vainqueur moins généreux! voilà la conséquence de ce que toi et les tiens avez fait pour jouir quelques jours plus tôt d'une couronne que j'étais aussi pressé que toi de déposer sur ta tête. Tu as déchaîné le peuple et personne n'en est plus maître aujourd'hui. Rends, rends cette couronne trop pesante pour toi et donne-la à celui qui seul est capable de la porter. »

En proférant ces paroles, le vieux roi condamné à une si affligeante comédie agitait une canne à pomme d'or sur laquelle il s'appuyait ordinairement à cause de ses infirmités, et il sembla aux yeux de tous les assistants qu'il en menaçait son fils. Le père avait à peine achevé que la mère, avec une colère qui n'était pas jouée, se précipita sur Ferdinand, l'accabla d'injures, lui reprocha d'être un mauvais fils, d'avoir voulu détrôner son père, d'avoir désiré le meurtre de sa mère, d'être fourbe, perfide, lâche, sans entrailles. Ferdinand eut honte, non pour lui mais pour ses augustes parents; il se retira la tête baissée, sans témoigner la moindre irrévérence envers ses parents, mais en jurant de ne pas céder, de ne pas abandonner le peuple des Espagnes, sur lequel il était si capable et si digne de régner. »

Ainsi cet étranger, maître de la France, ayant excité un fils contre son père, et lui ayant donné une couronne, montra à ce père que son fils est indigne de lui succéder, que ce fils a excité le peuple, qui, dans sa fureur, pouvait tuer et le roi et la reine, ou l'un ou l'autre, et que ce fils dénaturé, poussé par son ambition, pouvait devenir le meurtrier ou de son père ou de sa mère, et pouvait être l'assassin des deux, que, pardonner à un tel fils aurait pour résultat d'encourager le vice, de donner le mauvais exemple aux enfants des rois; dans cette circonstance un pardon serait un véritable sacrilége.

Dans cette affaire, Bonaparte déploya tout son esprit, celui de l'astucieux, du perfide, de l'hypocrite, du menteur. Rappelez-vous maintenant ce que je vous ai fait observer en commençant, que l'Espagne devait coûter à la France un milliard en numéraire, et un million en hommes; et vous verrez que nous méritions un tel châtiment.

Vous lisez dans Chateaubriand :

« Quant à ses guerres, à sa conduite avec les cabinets de l'Europe, le moindre examen en détruit le prestige. Un homme n'est pas grand par ce qu'il entreprend mais par ce qu'il exécute; tout homme peut rêver la conquête du monde, Alexandre seul l'accomplit. Bonaparte gouvernait l'Espagne comme une province dont il pompait le sang et l'or; il ne se contenta pas de cela, il veut encore régner personnellement sur le trône de Charles IV. Que fait-il alors? par la politique la plus noire, il sème d'abord des germes de division dans la famille royale, ensuite il enlève cette famille au mépris de toutes les lois divines et humaines; il envahit subitement le territoire d'un peuple fidèle qui venait de combattre pour lui à Trafalgar; il insulte au génie de ce peuple, massacre ses prêtres, blesse l'orgueil castillan, soulève contre lui les descendants du Cid et du grand capitaine. »

. . . .

Aussitôt Sarragosse célèbre la messe de ses propres funérailles, et s'ensevelit sous ses ruines, les chrétiens de Pélage descendent des Asturies, le nouveau Maure est chassé.

Cette guerre ranime en Europe l'esprit des peuples, donne à la France une frontière de plus à défendre, avec une armée de terre aux Anglais, les ramène après quatre siècles dans les champs de Poitiers, et leur livre les trésors du Mexique.

VII

DIVORCE.

Bonaparte qui ne pouvait éprouver aucune émotion, par le fait qu'il ne possédait aucun sentiment, qui savait tirer parti de tout, qui faisait tout par calcul, qui s'était marié par spéculation pour obtenir par ce lien la protection d'un personnage influent. Malheureusement pour la France, Barras donna à son protégé le commandement de l'armée d'Italie. De cette époque date pour mon malheureux pays une ère fatale, et la fin de mes observations vous fera comprendre la suite de mes paroles. Ce Corse commençait déjà son rôle de comédien et de vrai Tartufe.

Cette femme qui lui avait servi à faire le premier pas, à gravir la première marche qui est certes la plus difficile à franchir, qui l'a suivi en Italie, et qui aurait volontiers partagé tous ses dangers, qui avait été 15 ans sa compagne aimée et respectée du soldat, 15 ans son ami le plus fidèle, et on pourrait affirmer sans se tromper, son meilleur conseiller, son premier admirateur et son premier esclave : cette femme est répudiée pour faire place à une fille d'Autriche. Je ne veux point entrer dans de grands détails, mon intention n'est point de vous faire l'histoire complète de cet acte impie, mais bien de vous faire comprendre l'horreur de la conduite de Bonaparte, et par rapport au divorce, et par rapport à son union avec la fille de l'Empereur d'Autriche, son ennemi vaincu.

Afin de mieux vous faire sentir la portée des paroles de M. Thiers, je vous ferai observer que la veille du sacre, Joséphine profita de la conjoncture pour ajouter le lien spirituel au lien civil en faisant la déclaration au

Pape de sa position, sachant que le vicaire du Christ ne pouvait consentir à présider le couronnement sans cette formalité exigée par l'Église, et que Bonaparte ne pouvait retarder la cérémonie, tous les préparatifs étant faits. Ce fait justifie d'abord deux observations :

1° Que Joséphine redoutait le divorce avec raison.

2° Que Bonaparte y avait toujours pensé ; et que par son premier mariage il avait acheté la protection de Barras.

M. Thiers. — *Formes du divorce civil.*

Il fut convenu qu'après un conseil de famille dans lequel l'archichancelier recevrait l'expression de la volonté des deux époux, un sénatus-consulte rendu par le sénat en forme solennelle, prononcerait la dissolution du lien civil et que dans ce même acte le sort de Joséphine serait assuré magnifiquement. Napoléon avait décidé qu'elle aurait un palais à Paris, une résidence princière à la campagne, trois millions de revenus, et le premier rang entre les princesses après la future impératrice régnante ; il entendait la conserver auprès de lui comme la meilleure et la plus tendre amie.

Dans tous ces arrangements Bonaparte avait oublié le lien spirituel ; il ne paraissait pas y attacher une grande importance, comptant que le secret avait été gardé par le cardinal Fesch et Joséphine sur la consécration religieuse qui avait été donnée à leur mariage la veille du couronnement; mais le cardinal Fesch en avait parlé, le renégat du Caire, le restaurateur de la religion en France s'irrita beaucoup contre le cardinal Fesch, il traita son oncle de perfide.

Le 15 décembre 1809, au soir, toute la famille se réunit dans son cabinet aux Tuileries, et l'archichancelier présent, Bonaparte debout, tenant par la main Joséphine qui était en pleurs, dit :

« La politique de ma monarchie, l'intérêt et le besoin « de mes peuples qui ont constamment *guidé toutes « mes actions,* veulent qu'après moi je laisse à des en- « fants héritiers de mon amour pour mes peuples, ce « trône....

« Dieu sait combien une pareille résolution a coûté à « mon cœur, mais il n'est aucun sacrifice qui soit au-des- « sus de mon courage.... »

Bonaparte ayant cessé de parler, Joséphine, tenant un papier dans ses mains, essaya de le lire, elle le transmit :

« Avec la permission de mon auguste et cher époux, je « dois déclarer que, ne conservant aucun espoir d'avoir « des enfants qui puissent satisfaire les besoins de sa po- « litique... Mais la dissolution de mon mariage ne chan- « gera rien aux sentiments de mon cœur, l'empereur aura « toujours *en moi sa* meilleure amie. »

Abandonner après 15 ans une femme comme Joséphine, pour vous jeter dans les bras d'une plus jeune, c'est une lâcheté, c'est une infamie, mais la forcer de lire ces paroles, il n'y a qu'un monstre, qu'un Bonaparte qui puisse agir ainsi; pour ajouter, je ne dirai pas à son infamie, car je ne sais plus comment qualifier les actes de cet étranger, il fit venir de Rome le roi de l'Italie, le fils de Joséphine, Eugène de Beauharnais, qu'il avait toujours appelé son fils, qui était digne d'être le premier citoyen de la France, et qu'il s'était efforcé de faire adopter par sa famille et par les Français comme son héritier présomptif; comme il avait forcé la mère, il força le fils.

Le lendemain 16, devant le sénat convoqué, Eugène de Beauharnais, dit :

« Ma mère et moi nous devons tout à Bonaparte, il a « été pour nous un véritable père, il trouvera en nous « dans tous les temps un enfant dévoué et des sujets sou- « mis. Il importe au bonheur de la France que le fondateur de cette 4e dynastie vieillisse environné d'une

« descendance directe, qui soit notre garantie à tous,
« comme le gage de la gloire de la patrie....

« Dans la situation où elle va se trouver, elle ne sera « pas étrangère par ses vœux et par ses sentiments aux « nouvelles prospérités qui nous attendent, et ce sera avec « une satisfaction mêlée d'orgueil qu'elle verra tout ce « que ses sacrifices auront produit d'heureux pour sa pa- « trie et pour son empereur. »

De tels faits n'ont point besoin de commentaires.

Vous me direz comment une fille d'Autriche pouvait-elle consentir à une union avec un tel monstre, et comment un père pouvait-il être assez fou pour donner son adhésion à un tel mariage? ni la fille, ni le père ne désiraient certainement une telle alliance; les circonstances les forçaient d'accepter un Corse pour gendre et mari de la famille d'Autriche, car en vous rappelant l'exil de Moreau, l'assassinat de Pichegru, *l'enlèvement du duc d'Enghien* et l'*enlèvement du pape*, vous pouvez vous représenter les tortures et les cruautés qu'il faisait subir au peuple vaincu? Et quand ce mariage fut conclu, ce Bonaparte était avec l'armée française au milieu des murs de la capitale du père de cette infortunée, et il pouvait la réduire en cendres. C'est pourquoi ce père vaincu sacrifia sa fille pour sauver son peuple de la vengeance de cet homme impie, et cet acte peut être placé à côté de celui d'un roi de France, qui, retournant en Angleterre se reconstituer prisonnier, disait : Si la bonne foi était bannie du milieu des hommes, elle doit se retrouver dans le cœur des rois.

Mais pour Marie-Louise, il n'y a point de comparaison possible, car Bonaparte avait été pour elle dans les préjugés de son enfance, et dans les entretiens de sa famille, le fléau de Dieu, l'Attila des royautés, le dominateur de l'Allemagne, le meurtrier des princes, le spoliateur des peuples, l'incendiaire des capitales.

VIII

ENLÈVEMENT DU PAPE.

Bonaparte, dont tous les actes décèlent une nature étrangère à la France, avait torturé Pichegru pour le forcer à dénoncer Moreau ; mais le conquérant de la Hollande, cette nature franche et loyale, ne pouvait accuser un innocent ; et pour sauver sa tête, il ne voulait certes pas commettre un crime ; d'ailleurs la délation est certainement un acte criminel et dénote en même temps le dernier degré de la dégradation humaine.

L'homme du 18 brumaire, parfaitement initié à tous les principes de Machiavel, ce renégat qui se vantait au Caire d'avoir détruit la papauté, qui, en France, se posait en restaurateur de la religion, commit le plus ignoble et le plus affreux trait de cynisme que vous puissiez imaginer.

Il fit enlever le pape de Rome comme il avait fait enlever le duc d'Enghien d'Ettenheim. Comme ce dernier était un jeune homme qui serait venu un jour lui demander de quel droit lui Corse, lui étranger, il se plaisait à déshonorer son pays, après avoir violé toutes les lois de la France, et pourquoi il tenait le pied sur la gorge de tous les Français. Il le fit fusiller.

Mais le pape était un vieillard qui s'était empressé de le couronner, mais qui, reconnaissant son erreur, ne voulait plus servir en aveugle un imposteur, croyant avec raison commettre un sacrilége en prêtant la main aux manœuvres impies de cet homme ; mais ce dernier, ne pouvant plus tromper la bonne foi de ce vénérable pontife, l'ayant fait enlever en pleine nuit et conduit auprès de lui, ne pouvant l'intimider par des menaces à Fontainebleau dans ce palais de nos rois, porta sa main impie sur la tête du pape, prit par ses cheveux blancs le vicaire du Christ, renversa le vénérable pontife, traîna par ses cheveux blancs le représentant de l'Église et donna un coup de pied au véritable représentant de Dieu sur la terre, comme à un mauvais chien, en le poussant de l'autre côté de la porte, et le fit jeter dans le cachot d'une prison.

Clergé ! vous avez oublié Fontainebleau ! cependant Chateaubriand, l'auteur du génie du christianisme, a constaté ce fait. Certainement il est difficile d'ajouter foi à une telle infamie, il est difficile de nous rendre compte comment un tel homme pouvait être le souverain maître de la France après tant d'actes inouïs, mais tout le secret de cette malheureuse époque est traduit par ce grand chrétien dans ces mots : « La France entière devient l'empire du mensonge. »

Journaux, pamphlets, discours, prose et vers, tout déguise la vérité ; il a fait de la pluie, on assure qu'il a fait du soleil, si le tyran s'est promené au milieu du peuple muet, il s'est avancé, dit-on, au milieu des acclamations de la foule.

M. Thiers (*Divorce,* liv. V, ch. XXXVII, p. 219).

« Les dispositions faites, la gendarmerie échelonnée sur la route de Rome à Florence, le colonel Radet assaillit le Quirinal, le 6 juillet, à 3 heures du matin ; les portes étaient fermées, on franchit les murs du jardin avec des échelles ; on pénétra dans l'intérieur du palais par les fenêtres et on arriva à l'appartement du pape qui, averti de cet assaut, s'était revêtu en toute hâte de son costume pontifical ; le pontife était indigné ; ses yeux ordinairement vifs mais doux, lançaient des flammes à l'aspect du colonel Radet qui était à la tête de nos soldats si odieusement travestis en vainqueurs d'un vieillard sans défense. Le pape demanda ce qu'il venait faire auprès de lui par un tel chemin. Le colonel Radet troublé, s'excusa en alléguant des ordres auxquels il était obligé d'obéir et lui dit qu'il était chargé de le conduire hors de Rome. Pie VII, sentant bien que toute résistance serait inutile, demanda à être suivi du cardinal Pacca présent et de quelques personnes de sa maison; on y consentit à condition qu'il partirait seul sur-le-champ, et les personnes désignées après. Le pontife s'étant résigné, on le plaça dans une voiture, et le colonel Radet s'asseyant sur le siége de devant, on traversa Rome et les premiers relais sans être reconnus. On courut la poste sans s'arrêter jusqu'à Radicusoni.

M. Thiers.

« A Grenoble le pape fut logé à l'évêché, entouré de soins, de respects, mais tenu prisonnier.

« Lorsque le renégat apprit à Schœnbrunn l'usage qu'on avait fait de ses lettres, il blâma l'arrestation du pape, mais plus tard, à Fontainebleau, il osa le frapper.»

Toujours le même système.

L'exécution du fils du vainqueur de Rocroy avait été ordonnée pour 3 heures du matin au plus tard; à 6 heures, 3 heures après, Savary, qui avait reçu et exécuté l'ordre formel, rencontra sur la route le préfet de police en personne qui venait donner l'ordre de surseoir à l'exécution.

Pour Moreau il en aurait été ainsi après l'exécution. Mais les juges n'ayant point fait preuve d'une entière vénalité, par respect pour l'assassin de Pichegru, le même préfet de police chercha à pénétrer auprès d'eux la séance levée pour les intimider et pour dicter l'arrêt. Bonaparte furieux, exaspéré de ces juges déjà trop partiaux, cassa leur jugement; et cet étranger, cet insurgé changea deux ans de prison en un bannissement perpétuel pour le commandant en chef de l'armée du Rhin, le vainqueur de Hohenlinden.

Si je vous répète plusieurs fois les mêmes faits, c'est que mon intention, en les rapprochant, est de vous montrer clairement la vérité, de vous pénétrer de la perfidie de Bonaparte et de vous prouver les conséquences d'abandonner un pays à la merci d'un seul homme.

Il imita par rapport au Pape et au duc d'Enghien la cruelle Élisabeth qui, dans l'espoir de détourner sur d'autres l'exécution de Marie Stuart dont elle était seule coupable, accusa son chancelier Darison d'avoir envoyé malgré elle l'ordre de faire mourir Marie, et pour que l'Angleterre et l'Europe ajoutassent foi à ses prétendus regrets, elle défendit à cet homme, qui n'avait eu d'autre tort que de lui obéir, de jamais reparaître en sa présence.

Personne ne crut aux faux regrets de cette femme perfide, comme personne ne croira aux démentis de Bonaparte et par rapport au pape Pie VII et par rapport au duc d'Enghien.

IX

MOSCOU.

Maintenant, je veux vous montrer où le sauveur de la France, du 18 brumaire, devait conduire mon pays en rêvant l'impossible.

Mon but, certes, n'est point de vous faire l'histoire de

nos malheurs, mais je veux vous montrer la folie de la nation française d'avoir écouté si longtemps un tel imposteur qui se posait en rénovateur; tandis qu'il était un conquérant il voulait être un réformateur; il était seulement un despote. Il avait remplacé l'égalité par une féodalité d'épée; la libre pensée par la censure, et le monopole de la presse; la discussion par le silence, ou plutôt par les applaudissements d'un troupeau d'esclaves salariés, appelés sénateurs, députés ou conseillers d'État, toutes les fois que le maître parlait, la liberté, par l'espionnage, la prison, la déportation, la fraternité par la guillotine-Arena Lebrun, la strangulation-Pichegru, la fusillade-le duc d'Enghien.

Ce despote, parti des bords du Rhin avec une armée de 700,000 hommes, marcha jusques à Moscou en traversant des pays conquis qu'il avait dévastés et ruinés, où il n'y avait pas une famille qui ne pleurât un fils ou un frère, sans supposer un instant qu'il pouvait essuyer un échec, que la fortune était capricieuse, qu'un peuple du Nord pouvait lui faire une autre résistance qu'un peuple du Midi. Bonaparte, fasciné de batailles gagnées en livrant à une mort certaine 20,000, 30,000, 40,000 hommes, et se figurant que cet infernal moyen d'opérer était le résultat de combinaisons sages et grandes, dépassait les champs d'Iéna, d'Eylau, sans songer à ces centaines de mille Autrichiens, Prussiens, coupés en deux par ses canons, qui avaient des pères, des frères qui criaient vengeance, sans s'occuper de tous ces petits États d'Allemagne qui le regardaient avec raison comme un fléau, pour aller livrer à 300 lieues de France la bataille de la Moscowa. Mais ces hordes du Nord qui ont si souvent donné des preuves de courage, de témérité et d'une parfaite indifférence pour la vie et pour les souffrances, obligées d'abandonner un champ de bataille, se punirent elles-mêmes de leur défaite en brûlant leur capitale.

Ce Bonaparte, ce prétendu vainqueur qui devait évidemment un si grand triomphe à la capacité de ses généraux et à la bravoure de ses soldats, ne s'aperçut point du fait visible, non-seulement pour le général, mais pour le soldat, que les Russes en abandonnant et en incendiant leur capitale avaient fait le serment de mourir jusques au dernier, plutôt que de se soumettre à l'armée française. Ce chef aussi ambitieux qu'homme de peu, resta un mois dans cette position sans s'inquiéter du lendemain. Cependant on était à l'entrée de l'hiver, tous les matins le froid lui disait : Tu es à Moscou ! Tous les jours il répondait par la contemplation d'un champ de bataille qui avait coûté à la France 60,000 hommes. Le soldat se plaignait des frimas, le cheval manquait de nourriture, la terre présentait cet aspect naturel de chaque saison, tout attestait chez les Russes qu'ils s'organisaient pour la vengeance. Les cendres de toute une ville étaient sous les yeux de cet homme, tout parlait, il n'entendait rien, durant trente fois 24 heures, il s'endormit comme il s'était réveillé, je ne dirai pas comme s'il avait été à Paris, car il y déployait certainement plus d'activité. Ses soldats demandaient à revenir du côté de la mère patrie. Ses généraux lui disaient : On vous amuse, on se joue de nous, il faut partir, l'hiver commence, le froid se fait vivement sentir, le soldat se plaint.

Ce génie vous répondait : Il fait un temps superbe, on dirait que nous retournons à l'été.

Les soldats, je les gâte, la nourriture qu'ils reçoivent est trop abondante. Les Cosaques, s'ils faisaient un mouvement, je les détruirais jusques au dernier ; un mot, un regard et je ferai signer tout de suite ma volonté tout entière. Cet homme habitué à rêver l'impossible ne comprenait rien, n'entendait rien, ne voyait rien. Cependant le dernier soldat lui disait tout, chaque courrier de Paris lui montrait la distance qui le séparait de sa capitale. Sa carte lui montrait la Bérésina et les vastes plaines qui le séparaient du Rhin où il apercevait des villes saccagées par ses ordres, des champs de bataille où des centaines de mille Prussiens, Autrichiens, Saxons, étaient enterrés. Oui, ce grand gagneur de batailles s'est montré aussi simple qu'il s'était fait accroire grand. On ne peut comprendre qu'un homme qui était devenu le maître de la France par la ruse, le mensonge, l'hypocrisie, pouvait être aussi aveugle. Ses derrières nullement assurés, avec une capitale réduite en cendres devant les yeux, par la rage des vaincus, des millions d'habitants qui préparaient la vengeance, des millions qui attendaient un revers pour se jeter sur lui, pour l'anéantir. Bonaparte resta 33 jours dans la contemplation de ce champ de bataille, de cette ville brûlée, de la distance qui le séparait de la France, dans la contemplation de l'aspect de l'hiver que chaque jour rapprochait, que chaque jour rendait plus visible. On serait porté à croire qu'il eut l'intention de laisser dans ces contrées, son dernier canon, son dernier cheval, son dernier homme.

Mais après une telle ineptie, il devait montrer un courage héroïque, il devait faire abnégation de lui-même; mais ce malheureux insurgé contre toutes les lois de la France, contre le droit des gens, contre l'humanité, contre tout, devait donner un exemple inouï d'insensibilité, d'amour personnel, d'ambition démesurée, de mépris pour les hommes. Ce général, abusé 30 jours consécutifs par Alexandre, reste 5 jours à délibérer quelle route son armée devait suivre pour se rapprocher de son pays; c'était plus que fautes sur fautes.

Enfin, le froid sévissant avec rigueur, il mit ses armées en marche. Mais presque tous ces soldats qui avaient affronté si souvent le canon et les balles, décorés d'une ou de plusieurs cicatrices, devaient mourir de faim et de froid, ils devaient succomber à l'élément, car face à face avec ce danger le courage n'est plus rien. Il faut avoir réellement éprouvé les souffrances du froid, avoir vu des soldats tombés dans la neige, et ne plus pouvoir se relever, et les avoir vus tendant la main à un camarade qui, la lui donnant, tombait à son tour pour s'enterrer ensemble. Oui, ceux qui ont vu de ces affreux spectacles peuvent seuls avoir une idée de ce tableau épouvantable, effrayant, que la Bérésina offrait.

Des régiments, des divisions entières, canonniers et cavaliers, canons et chevaux, étaient comme des piliers improvisés contre lesquels les glaçons de la Bérésina venaient se heurter en entraînant ce tas de cadavres et de chevaux plus loin pour former un autre pilier plus volumineux. Une autre division arrivait sur les bords de cette rivière, il fallait les franchir, ou mourir de faim et de froid sur cette rive sans avoir la consolation de pouvoir mourir en combattant, et cependant l'ennemi vous harcelait. Les Cosaques qui poursuivaient l'armée les sabraient sans qu'ils pussent se défendre, car leurs mains étaient crispées, ces bras vigoureux ne pouvaient se mouvoir; le cavalier ne pouvait descendre de son cheval, le fantassin ne pouvait même se dessaisir de son fusil placé en bandoulière qui gênait sa marche. Ainsi ces malheureux cavaliers et fantassins, poursuivis par l'ennemi, tombaient sans pouvoir se défendre sous le sabre des Cosaques, ou arrivaient les uns après les autres sur les bords de cette rivière pour la voir à moitié comblée par leurs camarades; et, déjà mourants, il fallait se jeter au milieu de ces eaux, au milieu de ces cadavres et de ces glaçons où il fallait attendre la mort. Figurez-vous ce soldat tout balafré, tout criblé de blessures qui voit ce Cosaque qui fuyait devant lui deux mois avant, qui vient lui ôter son fusil, lui ôter son sabre, sans qu'il puisse les défendre, car il ne peut plus mouvoir ni son bras, ni sa main. Il est réduit à aller se jeter dans cette rivière qui le sépare de la mère patrie, pour laquelle il a si souvent versé son sang et au milieu de ces glaçons où il pensait trouver la mort, il n'est point aussi heureux que ses compagnons d'armes, il n'y trouve que l'agonie, et dans cet état il arrive de l'autre côté pour mourir de faim le jour ou la nuit suivante, quand son courage commençait à renaître, en approchant de certains champs de bataille témoins de nos victoires. Où était le chef qui avait conduit cette innombrable armée à Moscou, où était le général qui avait choisi l'approche de l'hiver pour cette campagne, où était Bonaparte qui durant 30 jours ne s'est pas plus occupé de son armée victorieuse que si elle avait été aux environs de Paris? Il s'était jeté dans une bonne voiture et il roulait ainsi vers la France.

Opinion de M. Lamartine (*liv. Ier, chap.* II).

« La campagne de Moscou avait embrassé le monde sans pouvoir l'étreindre ; il l'avait dirigée avec mollesse, poursuivie avec aveuglement, achevée avec insouciance, expiée avec insensibilité. Il n'y avait pas un officier de son armée qui n'eût mieux conduit, ou mieux ramené ces restes de 700,000 hommes dignes d'un autre Xénophon. Il était revenu en poste de la Bérésina aux Tuileries sans jeter un regard derrière lui. Sa diplomatie n'avait pas été moins aveugle et moins hésitante que sa campagne... »

Il était tout naturel de croire que ce souverain revenait à Paris la douleur dans le cœur, avec l'intention de faire la paix, il n'en était point ainsi ; la douleur il ne la connaissait pas, il était complétement insensible, et le sang français lui était aussi indifférent que le sang prussien ou autrichien. N'était-il pas né dans une île de la Méditerranée et ses parents étaient bien Corses, de fait, il n'avait certes pas une goutte de sang français dans les veines, et, en apparence, il était bien loin d'en avoir, car on jurerait qu'il n'appartenait point à la race humaine.

Ce conquérant, au lieu de s'occuper de son armée qui était en pleine déroute et qui, dans de pareilles circonstances, plus que jamais a besoin d'un chef, laisse le commandement à son beau-frère qui, lui aussi, l'abandonna pour aller à Naples sauver sa couronne. Cet homme, dis-je, par sa présence voulut effrayer les clairvoyants et les arrêter dans une détermination audacieuse, et en cachant la vérité il voulait exciter l'enthousiasme des craintifs et des crédules; son succès dépassa son attente. Il ne doute plus que la France est assez insensée pour lui donner son dernier homme et son dernier cheval. Rossuré sur sa couronne, au lieu de savoir gré à ce peuple de sa générosité, de le recevoir vaincu comme il l'avait reçu vainqueur, ses idées sur la paix se dissipent promptement et ses rêves de la guerre renaissent avec plus d'acharnement, il lève 500,000 hommes et 500,000,000 de francs et retourne dans ces champs d'Allemagne qu'il avait si souvent arrosés de sang; mais les nations trompées maintes fois par ses promesses, par ses écrits, par ses serments, persuadées que le sang français ne l'émeut pas plus que le sang des ennemis de la France, convaincues qu'un tel souverain est un fléau pour la terre, se coalisent à Leipsic ponr l'abattre. Après avoir perdu 120,000 Français dans cette bataille, ce monstre abandonne de nouveau son armée pour venir raconter ses exploits, discuter devant des aveugles et des muets ses grandes combinaisons qui étaient infaillibles; la trahison seule pouvait empêcher, dit-il, la destruction complète de toutes les armées des nations. Voulant fasciner jusques au bout mon pauvre pays, de mensonge en mensonge, il tomba dans l'absurde. Ne pouvant persuader au peuple français qu'une défaite est une victoire, pour obtenir des hommes et de l'argent, il parle de paix; mais aussitôt que ses désirs furent satisfaits, la paix qui n'était jamais entrée dans son esprit, n'était plus dans sa bouche, la vengeance seule parle et je vais vous donner un exemple des moyens employés par les Corses pour parvenir à leur fin.

Pour se venger des armées qui l'ont battu à Leipsic, au lieu de défendre ses frontières, il laisse l'armée ennemie les franchir. Après avoir battu quelques-uns de ces corps, s'apercevant que le résultat n'était pas complet, que les paysans de ces contrées ne prenaient point les armes, que fait ce Corse, cet assassin d'Aréna, de Pichegru, de Condé? il a l'infernale idée d'ouvrir un passage à cette armée sur Paris, de la laisser marcher sur la capitale de la France, persuadé que ce pays dont il a si souvent abusé, qu'il a si souvent trompé, dont les soldats sont invincibles, qui lui a donné une seconde armée après Moscou, une troisième après Leipsic, que ce peuple courrait aux armes, que ce peuple mettrait à feu et à sang sa capitale, que lui alors arrivant, son armée prenant par derrière dans les murs de Paris ces armées coalisées, tuerait ainsi jusqu'au dernier Prussien, Autrichien et Russe, en détruisant la dernière maison de Paris.

Tel fut le plan infâme de ce grand brigand; cependant la France l'accepta de nouveau; parjure lors de son retour de l'île d'Elbe et Waterloo, ne fut point une leçon suffisamment terrible pour prouver aux Français le danger d'abandonner un pays à l'ambition d'un usurpateur.

X

DERNIER SÉJOUR A FONTAINEBLEAU.

« Bonaparte a quelque chose de l'histrion et du comédien, il joue tout jusques aux passions qu'il n'a pas. Toujours sur un théâtre. Au Caire, c'est un renégat, à Paris, c'est un restaurateur de la religion. Jaloux de paraître original, il n'est presque jamais qu'imitateur, mais ses imitations sont si grossières qu'elles rappellent à l'instant l'objet ou l'action qu'il copie, il essaye toujours de dire ce qu'il croit un grand mot, ou de faire ce qu'il présume une grande chose. Il date du Kremlin un règlement sur les théâtres, et le jour d'une bataille fait arrêter trois ou quatre femmes à Paris. » (*Chateaubriand.*) Aux Tuileries, près d'un bon feu, revêtu de son manteau de pourpre, le chapeau de Henri IV sur la tête, prenant une attitude étudiée pendant que les restes de cette armée de Russie s'engouffrent sous les glaçons de la Bérésina, il parle rubans, dentelles, chiffons, discute mode. Ce comédien-empereur a voulu faire croire à un empoisonnement; il a fait appeler son médecin, il a laissé ses gens réveiller M. Caulaincourt, et il n'a pas démenti les chuchotements de ses serviteurs, au contraire, il les a sanctionnés en parlant de démence, en disant que la mort était préférable, que la mort n'était rien, serait pour lui un bienfait du ciel, et cependant son retour de l'île d'Elbe, son débarquement sur le sol français étaient arrêtés dans son esprit comme...

M. Lamartine (*liv. IX, chap.* VI).

« Au milieu de la nuit les serviteurs de l'empereur vinrent frapper à la porte de Caulaincourt endormi et l'appeler au nom de leur maître. Caulaincourt trouva Bonaparte pâle et affaissé, en proie à des spasmes d'estomac, à des gémissements nerveux qui avaient alarmé ses serviteurs; son premier chirurgien Ivan lui donnait des soins, on parlait tout bas dans la chambre d'un suicide qu'il avait tenté en avalant le poison de Cabanis par lequel Condorcet emprisonné, s'était dérobé au supplice. L'empereur n'avouait, ni ne démentait aucun soupçon qui donnait un motif tragique à une indisposition légère et un texte aux tendres supplications de ses amis. Son médecin se borna à lui faire prendre quelques tasses de thé; il fut soulagé et se rendormit, sans autre médicament. Le médecin reconnut si mal les symptômes et redouta si peu les suites d'un prétendu empoisonnement, qu'il s'éloigna de Fontainebleau au lever du jour. A son réveil, Bonaparte poursuivant en termes ambigus l'idée d'un empoisonnement que la fatalité l'avait empêché d'accomplir, dit : « Dieu ne l'a pas voulu, je n'ai pu mourir !! »

Durant cette comédie de Fontainebleau, ses frères Joseph et Jérôme à Blois, sachant alors que la fille de l'empereur d'Autriche était la seule garantie de la couronne de leur frère, pénétraient à minuit dans la chambre à coucher de Marie-Louise, et prenaient leurs mesures pour la jeter dans une voiture préparée à cet effet, pour la conduire à Tours ou à Chinon, quand M. de Beausset accourut aux cris de Marie-Louise.

M. Lamartine (*liv. IX, chap.* XIII).

« M. de Beausset, gentilhomme du Midi de la France, d'un caractère chevaleresque, d'un cœur plein de respect pour la majesté, plein de pitié pour la faiblesse, était préfet du palais... Il pénétra, contre l'usage, dans le salon qui précédait la chambre à coucher de la princesse, d'où sortait le bruit. Il apprit des femmes de service que Joseph et Jérôme Bonaparte étaient avec l'impératrice. Il écoutait avec incertitude l'altercation dont il cherchait en vain à deviner l'objet, lorsque Marie-Louise, dans le désordre de toilette d'une femme qui vient d'être inopinément arrachée à sa couche, ouvrit la porte et s'élança vers M. de Beausset.

« Oh ! M. de Beausset, ils viennent de me dire qu'il fallait quitter Blois à l'instant, et que si je n'y consentais pas de bonne grâce, ils allaient me porter de force dans ma voiture avec mon fils.

« — Quelle est la volonté de Votre Majesté?

« — De rester ici. (Elle avait deviné juste, le même jour son père la fit enlever par des soldats autrichiens.) »

Bonaparte qui avait ouvert un passage à l'ennemi pour le détruire complétement en brûlant Paris, qui portait le mal dans son sein, qui avait horreur du bonheur des hommes, qui disait : Il y a encore quelques personnes heureuses en France qui ne me connaissent pas, qui vivent à la campagne dans un château, avec 30 ou 40,000 livres de rente, mais je saurai bien les atteindre.

Bonaparte par tous les moyens possibles chercha à entraîner les maréchaux à soulever l'armée et le peuple de Paris contre les Autrichiens, les Prussiens et les Russes, qui occupaient la capitale et ses environs. Ne pouvant faire marcher les maréchaux ni par des menaces, ni par des caresses pour le seconder dans un tel crime, il espéra être plus heureux auprès des jeunes colonels, il leur promit le bâton de maréchal s'ils voulaient inonder Paris de sang, le brûler pour assouvir sa passion.

Furieux, exaspéré de ne pouvoir trouver des complices, il excita l'enthousiasme du soldat, il l'excita à la révolte contre ses chefs immédiats, il donne l'ordre de marcher sur Paris ; la figure bouleversée, les yeux pleins de sang, les doigts crispés, montrant ses dents comme un tigre qui flaire sa proie, traita de courtisans et d'ingrats ces anciens braves et dignes généraux de la république, assez insensés pour avoir servi ce Corse, assez fous pour avoir reconnu quelques années un étranger pour chef. Cette France qui lui donna 5 millions de ses plus beaux enfants et 15 milliards, il la traita d'ingrate, et en prenant la direction de l'île d'Elbe, il jure qu'il reviendra un jour pour se venger et qu'il sera plus heureux, qu'il fera disparaître Paris.

Nous étions au 20 avril.

Le 20 mars de l'année suivante, à 8 heures du soir, il rentrait aux Tuileries.

XI

WATERLOO. — DIMANCHE 18 JUIN.

M. Lamartine (*chap.* XXV).

Le maréchal Ney vint recevoir les dernières instructions de Bonaparte à huit heures :

« L'armée ennemie est supérieure à la nôtre de plus « d'un tiers, dit avec sérénité Bonaparte à ses lieutenants, « nous n'avons pas moins quatre-vingt-dix chances contre « dix de vaincre aujourd'hui. »

— Sans doute, s'écria Ney, si Wellington est assez simple pour nous attendre, mais déjà son armée est en pleine retraite et je viens annoncer à V. M. que ses colonnes disparaissent une à une dans la forêt.

— Vous avez mal vu, répliqua Bonaparte. Il a jeté les dés ; ces dés désormais sont à nous.

Bonaparte avait écouté et regardé d'en haut cette mêlée (Hougoumont) sans paraître s'étonner beaucoup de son résultat ; sa vraie pensée n'était pas là, elle était au Mont-Saint-Jean, centre de Wellington et cœur de la lutte ; il appelle Ney jusque-là inactif. « Voici, lui dit-il, M. le maréchal, un jour et une affaire dignes de vous ; je vous donne le commandement du centre. C'est à vous à gagner la bataille. » Puis, lui montrant du geste le Mont-Saint-Jean, il lui ordonne de gravir et d'emporter ce centre de toute l'armée. Ney retrouvant toute sa confiance et toute l'énergie de ses plus grands jours, part au galop pour former ses colonnes. Ney attend un dernier ordre. Le général Drouot le tire de son impatience. Allez dire à l'empereur, s'écrie Ney, en congédiant Drouot, que je vais répondre à tout ce qu'il attend de moi, et que le Mont-Saint-Jean va donner son nom à une des plus immortelles victoires de l'armée.

Bonaparte écrivit une 3e dépêche à Grouchy : « La bataille en ce moment est engagée sur la ligne de Waterloo, manœuvrez rapidement dans ma direction. » Cette 3e dépêche, comme celle de la veille, comme celle du matin, est portée par un seul officier et non pas par 50 ou 100.

Nous avions, dit-il à Soult, ce matin 90 chances sur cent pour nous ; l'arrivée de Bulow nous en retranche trente, il nous en reste 60 contre 40 ; si Grouchy répare la faute qu'il a faite hier, en s'arrêtant à Gembloux, s'il envoie son détachement avec promptitude, la victoire n'en sera que plus décisive.

Ney franchit sous une voûte de feu, d'obus et de boulets les derniers escarpements qui bordent les plateaux du Mont-Saint-Jean. Il fait dire à l'Empereur qu'un dernier effort de la réserve va lui donner le champ de bataille, et que les Anglais ébranlés font filer déjà leurs équipages sur Bruxelles.

— Je les tiens donc ! s'écria Bonaparte : son visage, son geste, sa voix triomphent au milieu de son état-major. Puis, au lieu de se mettre immédiatement à la tête de sa garde, et de marcher l'épée à la main pour achever le triomphe de Ney, et de mettre les Anglais en pleine déroute et de les abandonner après à Ney, il reste à Planchenoit à 3 kilomètres de Ney, en contemplation avec sa lunette, du corps de Bulow qui était encore à plus de 2 heures du champ de bataille. Le canon anglais se ralentit.

Bonaparte continue à se préoccuper d'un corps d'armée qu'il peut à peine apercevoir avec sa lunette du haut de son mamelon.

Mais la fortune de Wellington entièrement évanouie dans tout ce qui l'entourait, 11 de ses généraux morts à ses pieds, parmi eux son ami et son bras droit le général Picton; enfin 8 de ses aides de camp sur 17, était tout en lui-même et dans l'immuable volonté de périr ou de vaincre qu'il avait su communiquer à son armée. Ayant déjà fatigué ou tué 7 chevaux sous lui, remonte sur le 8me, demandant la nuit comme sa seule espérance, car un mouvement de Napoléon et il était perdu; mais ce dernier persistait à attendre Grouchy.

Une division écossaise de 4,000 ne compte plus que 400 combattants; elle fait demander du renfort. Qu'elle meure, mais qu'elle reste, il n'y a que la nuit ou Blücher qui puissent nous donner des renforts.

De carré en carré Wellington répétait : Tenez ferme, ferme, tenez jusques au dernier, mes enfants; si nous abandonnons le champ de bataille, que dira-t-on de nous dans la Grande-Bretagne? C'était le mot d'ordre de Nelson à Trafalgar : l'œil de l'Angleterre sur chacun de ses soldats. L'armée anglaise respirait à peine entre deux assauts, quand le canon de Blücher retentissant tout à coup sur les collines de Planchenoit qui lui dérobaient encore les Prussiens, lui amena enfin un secours si longtemps et si énergiquement attendu : En avant, mes amis, s'écria-t-il, en agitant son épée aux yeux de ses troupes, nous avons assez résisté de pied ferme, à nous maintenant d'attaquer. Le choc fut terrible; Napoléon, toujours sur ce tertre d'où il contemplait le Mont-Saint-Jean, dit à Soult : Quelles braves troupes! et comme elles travaillent avec constance et vigueur; les Anglais se battent bien, il faut en convenir, nous les avons formés, ils sont dignes de nous, mais ils ne tarderont pas à fuir.

La cavalerie française nous entourait comme si c'eût été la nôtre, écrivait Wellington lui-même quelques jours après; aucune âme d'ensemble ne gouvernait ses charges disséminées. Murat manquait. Enfin les batteries de la réserve de Wellington reconquises par ses artilleurs après le reflux de nos escadrons, et vomissant sur nous la mitraille, avaient repoussé les combattants et rejeté de nouveau Ney et son armée sur les bords du plateau qu'il avait vainement gravi. Napoléon à cet aspect cesse d'hésiter. Six mille grenadiers de sa garde sont lancés; ils marchent l'arme au bras; ils montent en criant vive l'Empereur! ils approchent. Wellington les contemple : une batterie de 40 pièces de canons éclate, la colonne flotte un moment, elle se consolide puis s'avance aussi muette, aussi compacte, l'arme toujours au bras, sans tirer, sans se hâter, sans se ralentir; à une 2e décharge, même oscillation, même raffermissement, même silence; à la 3e décharge cette colonne est réduite à un bloc immobile d'hommes. Bonaparte pâlit, doute enfin de la victoire, sent beaucoup trop tard la nécessité de vaincre entièrement quelque part.

— Mon cheval! s'écria-t-il. Quand sa colonne est formée, il s'élance lui-même l'épée à la main aux premiers rangs de la colonne de tête de sa garde : Tout le monde en arrière, s'écrie-t-il, et il marche le premier à l'assaut des points les plus escarpés. Puis tout à coup se retournant vers son armée et se rangeant sur la gauche dans le pli d'un mamelon de terrain qui le couvre contre les boulets.

En avant! En avant! s'écrie-t-il, et tous passent devant lui en criant : Vive l'Empereur! et lui Bonaparte reste dans ce pli de terrain.

Ney, le visage noirci par la poudre, accourt au-devant de la garde et la ralliant sous son épée à ses troupes raffermies, il dirige lui-même cette attaque générale. Le cheval de Ney, les flancs traversés par un boulet, s'affaisse une seconde fois sous son cavalier. Le maréchal se relève et marche au combat au milieu de ses fantassins. Le général de la garde impériale est tué; les deux armées séparées par des cadavres s'abordent de nouveau. La mort pleut autour de Wellington. Ses derniers compagnons demandent sa dernière pensée.

— Je n'en ai pas d'autre que de tenir ici jusqu'au dernier homme; puis, l'épée à la main, du geste, de la voix, il animait ses soldats, toujours au milieu des boulets, le plus intrépide.

Son ennemi implacable au contraire, le sauveur de la France du 18 brumaire, était toujours caché et immobile dans son pli de terrain. Les derniers bataillons de sa garde, calmes, graves, recueillis, le visage farouche, silencieux comme la discipline, débouchaient successivement devant ce pli de terrain où leur empereur était abrité avec son frère et des aides de camp. En passant, ils élevaient leurs bonnets à poil et brandissant leurs armes, ils poussaient le cri de vive l'Empereur! Ils s'étonnaient pourtant que dans l'extrémité d'un pareil combat, Napoléon fût si loin du champ de bataille, à l'abri de cette mort que tant de milliers d'hommes affrontaient pour lui. Ils s'attendaient à le voir déboucher au milieu d'eux; les blessés par centaines arrosant les collines de leur sang passaient en redescendant devant lui; le choc des bataillons s'entendait par-dessus sa tête; Jérôme son frère rougissant de sa propre sûreté pendant que tant de vies se donnaient pour la sienne, murmurait à demi-voix contre cette immobilité de l'Empereur. Qu'attend-il, disait-il à Labedoyère, pour se découvrir; aura-t-il jamais une plus belle scène pour vaincre ou mourir? Bientôt envoyé lui-même par l'Empereur à la tête d'une colonne, Jérôme courut au feu et à la mort avec l'intrépidité dévouée d'un simple grenadier. Wellington, toujours le sabre à la main, monte son 8e cheval, et charge comme un soldat au milieu de ses plus indomptables cavaliers; onze de ses généraux sur 22 étaient morts et étendus sur leurs manteaux; le commandant de l'aile droite, Lord Hill, a la jambe emportée par un boulet, il continue à charger. Les nôtres se regardaient, s'interrogeaient d'un regard inquiet, se disant en se tournant du côté où ils avaient laissé l'Empereur : « Mais qu'attend-il? Que veut donc cet homme? son génie s'est-il éclipsé en lui? sa tête s'est-elle perdue? »

Quand une armée en est là, il n'y a plus que la voix, la personne, l'héroïsme de son chef qui puisse lui rendre sa confiance. Le murmure dans le feu est le présage de la défaite. Napoléon ne parut pas.

Depuis 11 heures les Français se ruaient sur les pièces anglaises, quand ce cri retentit au milieu de nous : Blücher, approche! Blücher arrive! Ses boulets nous prennent de flanc, Wellington crie en avant et charge. Blücher s'avançant en tumulte, menace de couper la retraite à la garde impériale et à Ney; l'instinct de la défaite saisit l'armée, un cri de sauve qui peut! est jeté. Bonaparte sort de son pli de terrain, non pour se faire tuer, mais pour fuir. Sa vieille garde indignée résiste au courant, commandée par Cambronne, se forme en carré, résiste à la cavalerie anglaise et protége ainsi la fuite de son Empereur. Les Prussiens et les Anglais admirent et plaignent leur inutile sacrifice, suspendent le feu, envoient des parlementaires à Cambronne, déjà frappé de six coups de sabre, qui répond par une de ces trivialités sublimes de sens, cyniques d'expression, la vieille garde refuse toute capitulation et toute pitié, et donne ainsi le temps à l'empereur de se faire jour à travers la foule vers la tête de l'armée.

Tu aurais bien mieux fait de t'empoisonner à Fontainebleau !

Plusieurs officiers et des soldats préférèrent la mort à la captivité, et se fusillèrent entre eux pour échapper dans la mort volontaire à la honte de leur déroute. Neuf fois pendant cette fuite, les restes de l'armée tentèrent de résister et d'établir leurs bivacs sur des points faciles à défendre, tandis que cet empereur, cet ancien conquérant, fuyait de toute la vitesse de son cheval vers Charleroi. Bonaparte descendit de cheval et se fit servir à manger, puis remonta pour abandonner complétement son armée à son sort, et précéder ainsi à Paris le bruit de sa défaite, surprendre l'assemblée des représentants, étonner et devancer les factions promptes à naître, dissoudre la chambre, saisir une nouvelle dictature, disputer l'Empire en livrant le sol, s'occuper de son règne et non des frontières; toujours le même instinct comme à Moscou, comme après Leipsic. Telle fut la bataille de Waterloo perdue non par l'armée qui ne fut jamais plus infatigable, plus dévouée et plus intrépide, ni par Ney qui fut admirable, ni par Grouchy qui fut obéissant, mais par Bonaparte qui se sépara d'un tiers de son armée par un espace immense et inconnu, sans communications avec cette aile, et par son hésitation jusqu'à 11 heures du matin à monter à l'assaut du Mont-Saint-Jean, et à dérober à Wellington l'espoir d'être rallié par les Prussiens déjà en vue à l'horison, mais par Bonaparte qui laissa Ney à moitié vainqueur sur le revers du Mont-Saint-Jean, attendre 3 heures la masse de l'armée et la garde impériale; mais par l'inertie et l'impassibilité de Bonaparte sous le pli du ravin du Mont-Saint-Jean, pendant que son armée s'immolait tout entière en montant à la brèche ouverte par Ney et qu'elle n'attendait que la présence et l'exemple de son empereur pour s'élever au-dessus d'elle-même et du destin; mais par Bonaparte pour n'avoir pas voulu comprendre les chuchotements de son entourage et pour être resté sourd aux vociférations des derniers bataillons de la vieille garde, mais par Bonaparte pour avoir abandonné à Cambronne sa place et son dernier mot.

XII

L'amiral Byng fut fusillé pour avoir été battu par les Français, avec une flotte supérieure en nombre d'un seul vaisseau. Arthur Wellesley passa devant un conseil de guerre pour avoir battu Junot à Vimeiro et l'avoir forcé de signer la fameuse capitulation de Cintra, l'évacuation du Portugal par les troupes françaises, sans l'ordre formel du commandant en chef qui était à Cadix. Mais le comédien de Jaffa, le disciple de Mahomet au Caire qui avait abandonné son armée en Égypte dépourvue de tout, pour venir fouler à ses pieds les lois de la France, qui abandonna son armée dans les glaçons de la Bérésina pour venir se chauffer aux Tuileries, qui l'abandonna à Leipsic pour venir à Paris saisir de nouveau la France à la gorge, et repartir non pour chasser l'ennemi du sol français, mais pour lui ouvrir un passage sur Paris, pour l'anéantir complétement en incendiant la capitale; qui est resté 3 heures caché dans un pli de terrain à Waterloo, et s'enfuit honteusement protégé par la témérité de Cambronne et de la vieille garde pour accourir à Paris tromper les représentants de la nation, ou les intimider, ne fut point fusillé, mais il ne put cette fois ni les intimider, ni leur en imposer, car les représentants savaient que des 120,000 hommes qui avaient franchi la Sambre, à peine 40,000 l'avaient repassée, que l'armée digne d'un autre sort et d'un autre chef, était détruite à cause de son inertie et de son ineptie, que tout jusques à son chapeau et à son manteau était entre les mains des ennemis, que donner une autre armée à Bonaparte aurait pour résultat une autre défaite, qu'il était complétement temps de lui montrer que le pays le connaissait, que le pays savait qu'il était l'instigateur de tous les complots dont il s'était servi pour se faire nommer Consul à vie, puis empereur, que ses belles paroles sur la liberté et sur son amour pour la France étaient des paroles mensongères, que son dessein était de devenir le tyran du pays pour le jeter dans une guerre générale qui devait un jour ou l'autre le précipiter dans le néant, que le moment était venu, que si les représentants voulaient remplir leur mandat, il leur ordonnait de le forcer d'abdiquer ou de le déclarer déchu du trône.

César pensait avec raison que les nations ne lui donneraient point de nouveau une île d'Elbe pour récompense de ses mensonges, de ses infamies, de ses crimes et de la violation de son dernier serment, sachant que le moment était fatal, ne pouvant plus jouer sa comédie de Fontainebleau, en simulant un empoisonnement, ne pouvant plus tromper les autres peuples par de vaines paroles, il fallait effrayer les représentants.

M. Lamartine (*livre XXVI, chap.* XVI).

« Oui, répétait-il, la présence de l'ennemi sur le territoire rendra, je l'espère, aux représentants le sentiment de leurs devoirs ; la nation ne les a pas envoyés pour me renverser, mais pour me soutenir. Je ne les crains pas, quelque chose qu'ils fassent, je serai toujours l'idole de l'armée et du peuple, et si je disais un mot, la chambre serait immolée. »

Ce n'est pas pour moi que je tremble, c'est pour la France. Mais heureusement le brave et véritable Français La Fayette était parmi eux, il répondit pour les représentants et du peuple comme aux 5 et 6 octobre à Versailles.

Bonaparte sentit enfin son impuissance; dans sa fureur, il ne fit point son appel au peuple, parce qu'il savait parfaitement qu'il y serait resté sourd comme son armée un an auparavant; il ne lui restait plus que l'insulte, il en usa comme à Fontainebleau, il traita de courtisans, de lâches, de traîtres ces généraux de la république : Berthier, Murat, Moncey, Jourdan, Masséna, Augereau, Soult, Brune, *Lannes*, Mortier, Davoust, Bessières, Kellerman, Lefebvre, Pérignon, Serrurier, Oudinot, Macdonald, Cambronne...

Ensuite il traita la France entière d'ingrate, cette France qui lui avait confié les soldats de Desaix, de Kléber, de Moreau, de Hoche et de Marceau, qui, non-seulement avaient empêché de pénétrer sur notre sol l'Europe entière coalisée contre la France, mais ces vainqueurs de Valmy, d'Anderlecht, de Hondschoote, de Wattignies, de Turcoing, de Fleurus, de Jemmapes, malgré les efforts inouïs de ces fiers et intrépides Bretons qui, eux aussi, à cette époque, voyaient dans les Kléber, les Hoche, les Marceau et leurs dignes soldats des ennemis, avaient donné à la France, à leur patrie, la Hollande, la Belgique, les provinces rhénanes, le Piémont, la Suisse. Bonaparte insulta cette France qui lui compta plus de 15 milliards de francs et 5 millions d'hommes pour soutenir l'honneur du drapeau français, protéger et conserver les conquêtes de ces fiers soldats de la république et de leurs chefs

Hoche, Desaix, Kléber, Pichegru, Jourdan, Kellerman, Marceau. Hoche est peut-être mort. . . . . comme Bugeaud. Desaix, le vainqueur de Marengo, tu l'as fait tuer par ton ineptie. Kléber, le vainqueur de la sublime Vendée, tu l'as abandonné en Égypte où il fut assassiné. Moreau, le vainqueur de Hohenlinden, Biberach, Engen, Rastadt, etc., tu l'as envoyé sur la sellette et tu l'as exilé en Amérique. Le vainqueur de la Hollande, tu l'as torturé, puis pendu. Leurs soldats, ces fiers républicains, tu les as abandonnés en Égypte, sans munitions, sans vêtements ; leurs lieutenants, tu les as abandonnés dans les glaçons de la Bérésina ; leurs conquêtes tu les as perdues ; les fortifications des frontières, de la république française, tu les as détruites ; notre sol, cette terre de la liberté, tu l'as livrée aux Autrichiens, aux Prussiens, aux Russes, en abandonnant l'armée française à Leipsic.

Après t'être caché pendant 3 heures à Waterloo, et fui ensuite à franc étrier, durant toute une nuit devant le sabre de Blücher blessé, quand nos héroïques soldats faisaient des efforts inouïs pour l'arrêter avec ses Prussiens, il ne leur manquait qu'un chef, et ce chef, toi Bonaparte, tu descendais de cheval pour continuer plus précipitamment ta fuite en voiture, pour ouvrir une deuxième fois et les portes de la France et les portes de notre capitale aux Prussiens, aux Anglais, aux Russes, aux Autrichiens, aux Bavarois. Et c'est toi, digne compatriote de Fieschi, qui, ne pouvant brûler Paris et entraîner dans ta chute toute la France, qui l'insultes !

Bonaparte, bien persuadé de son impuissance, s'écria : « *Hâtez mon départ, j'ai honte de la honte de la France.* »

Arrivé à Rochefort, sachant que les Anglais étaient des ennemis généreux, qu'il avait servi admirablement leur orgueil, leur prospérité, leur gloire, ne pouvant fuir, il invoqua leur générosité, mais le peuple britannique se rendant parfaitement compte de la position de Bonaparte, que ce dernier acte était forcé par les circonstances, le dirigea après délibération des puissances coalisées sur le rocher de Sainte-Hélène, où toutes les précautions furent prises pour ne point le laisser revenir une deuxième fois en France pour mettre de nouveau ce pauvre pays à feu et à sang. S'il y fut rigoureusement surveillé, il y fut traité avec tous les égards possibles. Cependant on voit des gens assez aveugles pour blâmer la conduite de l'étranger.

N'avait-il pas fait enlever le Pape de Rome en pleine nuit, ne l'avait-il pas, ce vénérable pontife, traîné par ses cheveux blancs, et jeté dans une prison? n'avait-il pas forcé la famille de Bragance de Portugal de fuir au Brésil? n'avait-il pas attiré père, mère et fils du sang royal d'Espagne à Bayonne, sous prétexte d'être leur protecteur? Il fut leur geôlier!

N'avait-il pas forcé l'empereur d'Autriche à lui donner sa fille comme concubine, car il était marié à Joséphine?

N'avait-il pas saccagé, ruiné, brûlé le Portugal, l'Esgagne, l'Italie, l'Allemagne, l'Autriche, la Prusse? N'avait-il pas brûlé la capitale des Russes, Moscou? Non, ces puissances n'ont pas été trop sévères, en lui donnant le rocher de Sainte-Hélène (1) comme prison, n'était-il pas revenu de l'île d'Elbe parjure pour incendier de nouveau l'Europe?

Il n'appartenait point aux Anglais, à la vérité, de le torturer et de lui faire expier cet acte hypocrite et infâme du 18 brumaire, la mort des 30 innocents, la déportation de 150 patriotes, les tortures et l'assassinat de Pichegru, l'exil de Moreau, la mort du duc d'Enghien, 15 milliards arrachés à la France, la vente de la Louisiane, la perte de nos colonies, et des conquêtes de Jourdan, de Kellerman,

(1) Dans son testament il a laissé dix mille francs à M. S. Affr., prévenu d'avoir voulu assassiner Wellington.

de Pichegru, de Kléber, de Moreau, de Hoche et de Marceau, enfin les 5 millions de Français qu'il a pris à leurs familles pour en faire de la chair à canon. Il appartenait à la France et il était du devoir des Français, de faire comprendre à l'Europe entière par un supplice que ce parvenu était le fils de notre puissance et non le fils de ses œuvres.

Français, je lis dans M. de Chateaubriand :

« Les générations de la France étaient mises en coupe réglée comme les arbres d'une forêt : chaque année quatre-vingt mille jeunes gens étaient abattus. Mais ce n'était là que la coupe régulière : souvent la conscription était doublée ou fortifiée par des levées extraordinaires; souvent elle dévorait d'avance les futures victimes, comme un dissipateur emprunte sur le revenu à venir. On avait fini par prendre sans compter : l'âge légal, les qualités requises pour mourir sur un champ de bataille n'étaient plus considérés; et l'inexorable loi montrait à cet égard une merveilleuse indulgence. On remontait vers l'enfance; on descendait vers la vieillesse : le réformé, le remplacé, étaient repris; tel fils d'un pauvre artisan, racheté trois fois au prix de la petite fortune de son père, était obligé de marcher. Les maladies, les infirmités, les défauts du corps, n'étaient plus une raison de salut. Des colonnes mobiles parcouraient nos provinces comme un pays ennemi, pour enlever au peuple ses derniers enfants. Si l'on se plaignait de ces ravages, on répondait que les colonnes mobiles étaient composées de beaux gendarmes qui consoleraient leurs mères, et leur rendraient ce qu'elles avaient perdu. Au défaut du frère absent, on prenait le frère présent. Le père répondait pour le fils, la femme pour le mari : la responsabilité s'étendait aux parents les plus éloignés et jusqu'aux voisins. Un village devenait solidaire pour le conscrit qu'il avait vu naître. Des garnisaires s'établissaient chez le paysan, et le forçaient de vendre son lit pour les nourrir : pour s'en délivrer, il fallait qu'il trouvât le conscrit caché dans les bois. L'absurde se mêlait à l'atroce : souvent on demandait des enfants à ceux qui étaient assez heureux pour n'avoir point de postérité ; on employait la violence pour découvrir le porteur d'un nom qui n'existait que sur le rôle des gendarmes, ou pour avoir un conscrit qui servait déjà depuis cinq ou six ans. Des femmes grosses ont été mises à la torture, afin qu'elles révélassent le lieu où se tenait caché le premier-né de leurs entrailles ; des pères ont apporté le cadavre de leur fils, pour prouver qu'ils ne pouvaient fournir ce fils vivant. Il restait encore quelques familles dont les enfants plus riches s'étaient rachetés ; ils se destinaient à former un jour des magistrats, des administrateurs, des savants, des propriétaires, si utiles à l'ordre social dans un grand pays : par le décret des gardes d'honneur, on les a enveloppés dans le massacre universel. Il a fait périr, dans les onze années de son règne, plus de cinq millions de Français, ce qui surpasse le nombre de ceux que nos guerres civiles ont enlevés pendant trois siècles, sous les règnes de Jean, de Charles V, de Charles VI, de Charles VII, de Henri II, de François II, de Charles IX, de Henri III et de Henri IV. Dans les douze derniers mois qui viennent de s'écouler, Buonaparte a levé (sans compter la garde nationale) treize cent mille hommes, ce qui est plus de cent mille hommes par mois! » — Conséquences du 18 brumaire.

Sorti de l'école militaire de Saint-Cyr en 1843, fort hostile aux brimades, sur ma demande j'ai été envoyé en Afrique au 61ᵉ; 18 mois après je suis passé par permutation au 2ᵉ de ligne qui était depuis peu en Algérie, et qui reçut alors pour colonel le Corse, comte de Buttafuoco; peu de temps après tous les priviléges furent pour les habitants de l'île, bientôt le 2ᵉ de ligne en compta 700 ou 800. Le système qui devait être inauguré le 2 décembre dans toute la France étant mis en pratique, au 2ᵉ de ligne, deux adjudants et cinq sergents-majors étaient Corses, sur les neuf nominations appartenant spécialement au colonel. Fort, valide, bon marcheur, ayant fait partie de toutes les expéditions de la province durant plus de quatre ans, j'ai formulé l'intention d'être maintenu aux bataillons de guerre, quand les cadres de ma compagnie furent appelés à leur tour en France pour l'instruction des recrues. Sur le refus du colonel, je me suis adressé directement au commandant en chef de la province, le général de division Bedeau; après plusieurs questions le général me congédia en me disant que j'étais trop généreux et de ne pas m'inquiéter. Cependant 8 jours après, je fus forcé de m'embarquer. Je revins 15 jours après commandant un détachement de 200 hommes; je me suis adressé de nouveau au général Bedeau.

De retour en France, je subis une inspection de M. le comte général d'Hautpoul, pour lequel j'avais un souverain mépris, car j'ai toujours cru qu'il travaillait comme plusieurs autres à détruire l'armée par ses fondements.

Il m'a noté incapable.

Vingt jours après, par ordre ministériel, à la grande stupéfaction de M. d'Hautpoul et du bigot major de Taxis auquel ma figure n'allait point, je fus rappelé en Afrique et placé dans une compagnie de voltigeurs, et M. le comte de Buttafuoco fut envoyé d'office en France comme colonel du 3e léger.

A partir de ce jour je fus exposé au stylet. La révolution survenue, M. le comte de Buttafuoco, un des protégés de la famille d'Orléans, se posa auprès du gouvernement provisoire en victime de l'ancien régime et fut replacé au 2e de ligne qu'il fit revenir en France. Je pouvais écrire ou parler, mais de tels moyens répugnaient à mes sentiments.

A Paris, 18 mois après, les 6 sergents-majors et les 3 adjudants étaient Corses, et le 2e comptait 15 ou 20 officiers de l'île. Le général Changarnier envoya la retraite d'office à M. le comte de Buttafuoco. Le 2e de ligne était au Havre, le 2 décembre rentré en France avec 12 campagnes, mon caractère, ma manière de penser me rappelaient dans le 61e de ligne (où je suis rentré par permutation) qui est resté 10 ans dans la province de Constantine dont il était le vrai fondateur, car de Philippeville à Sétif et de Sétif à Biskara, il n'y a pas un village dont il n'ait posé la première pierre. Pour n'avoir point voulu donner en 1834 dans la rue Transnonain. En 1850, le 61e abandonna Paris en y laissant 4 ou 5 de ses plus braves officiers déjà blessés en Afrique, comptant 20 campagnes, tués par des Français et parmi eux le fier républicain Vacheron pour récompense de leurs souffrances, de leurs travaux et de leurs conquêtes.

En mai 1850, le 61e est dispersé dans la Charente inférieure, ce département napoléonien. Les circonstances donnent le commandement d'une grande fraction du régiment au major, le Corse Montera, il connaissait mon histoire avec M. le comte de Buttafuoco, il savait que j'étais fort aimé de mes camarades du 61e et bien connu des anciens sous-officiers. Il m'a cherché noise, chose facile à un chef, je l'ai envoyé promener.

Après 15 jours d'arrêts, je m'élimine avec un congé de 6 mois prolongé de 4; il fallait revenir. A ce moment, mon colonel M. Destaing meurt.

M. de Martinprey est nommé colonel, et, malgré sa demande de rester au 61e il est forcé de se rendre dans la Nièvre. J'arrive. M. le major Montera commandait en chef, et depuis 15 jours un nouveau Corse comme chef de bataillon avait été expédié au 61e; nous étions fin de juillet. En décembre 1848, j'ai voté pour le brave, digne et désintéressé général Cavaignac, guidé seulement par mon amour pour l'honneur et la prospérité de la France, dont les événements de Boulogne et Strasbourg étaient certainement plus que suffisants pour éloigner de M. L. Bonaparte tout vrai patriote, si le 18 brumaire n'eût pas existé.

Depuis cette époque je me suis toujours prononcé hautement contre M. Bonaparte; particulièrement à partir du ministère d'Hautpoul, quand j'ai rejoint le 61e à la

Rochelle. Nous étions, dis-je, fin de juillet 1851, un Corse pour chef, un Corse pour chef de bataillon, et à la Rochelle.

Je n'ai point hésité, j'ai donné ma démission et je me suis rendu à Paris. Plusieurs fois j'ai eu l'idée de me rendre chez certains représentants influents, mais redoutant de passer pour un intrigant ou d'avoir pour toute réponse qu'on en savait plus que moi, je me suis abstenu.

Le 2 décembre, je demeurais rue Tronchet, 11. Depuis quelques jours, revenant de Choisy-le-Roi, un domestique me dit : Les rues sont occupées par la troupe. Je sors aussitôt, on me dit chez un charcutier n° 9 ou 11, rue Saint-Honoré, que le général Changarnier ayant voulu faire enlever pendant la nuit le président, avait été arrêté; je cours au milieu des baïonnettes et des canons, à l'assemblée. J'aperçois M. Espinasse. Je ne le savais pas à Paris. A Constantine, quand il se rendait, en 1845, la tête rasée au palais chez M. le général Levasseur, le futur héros du bou-taleb, un officier dit devant le café : Vous voyez cet adjudant-major, c'est le premier cafard de la province. Je me rappelai ce mot; puis je vois 42, je ne connaissais pas son affaire de Boulogne ; mais sa conduite à la retraite de Constantine; je n'ai plus de doute, je revins rue Saint-Honoré, vis-à-vis le n° 3 où étaient 15 chasseurs de Vincennes avec un lieutenant. Sur une vieille tunique brillaient une croix et un ruban neuf. Aussitôt M. Bonaparte débouche de l'Élysée, des hommes en blouse l'acclament; au moment où le cortége composé de 7 ou 8 misérables arrive à ma hauteur, je mets les mains dans mes poches.

M. Fleury se jette devant moi avec son cheval, je ne fais pas un mouvement, j'aperçois ses pistolets.

M. Bonaparte passe en s'effaçant et en souriant au lieutenant, il gagne rapidement par la place de la Concorde, les

Tuileries. Pas un paletot ni dans la rue, ni sur la place, pas une âme sur les boulevards, près de la place de la Madeleine, point d'affiches dans ces parages.

Il était au plus onze heures. Je suis rentré chez moi supposant la vérité sans être sûr; trente minutes après je sors. Arrivé à la hauteur de l'ambassade anglaise, je trouve un lieutenant de grenadiers de ma promotion. C'est dégoûtant, me dit-il, le métier qu'on nous fait faire. Au même moment, débouche de l'Élysée un capitaine adjudant major (je crois) des Invalides, qui salue jusques à terre, en souriant à un groupe de 5 ou 6 officiers dont un chef de bataillon; ils lui tournèrent tous littéralement le dos sans répondre. J'arrive à l'Élysée où je pus lire les premières affiches, partout des bouteilles. Je rebrousse chemin, j'entre à l'ambassade, pour leur dire qu'il était de leur devoir de partir, que le traité de 1815 était brisé. J'entre dans plusieurs boutiques pour les engager à sortir en garde nationale; bientôt la circulation est interrompue aux environs de l'Élysée, la foule devient compacte sur les boulevards à 6 heures, je reviens du côté de la Madeleine, plus de soldats; je cours à l'Élysée, tout fermé, pas une sentinelle visible; je cours à l'assemblée, le pont est gardé par des gendarmes avec le fusil armé et capsulé. Sur les marches de l'assemblée des gendarmes avinés chantaient de toute la force de leurs poumons, la bouteille en main. J'entre au café de la rue de Bourgogne. Je retourne sur mes pas, çà et là quelques hommes en blouse, les boulevards à la hauteur des Variétés étaient combles, les cafés assez pleins, mais calmes.

Le lendemain je sors de bonne heure, on me dit : Tout est fini, les généraux sont envoyés à Ham. L'armée entière a dû se prononcer cette nuit; les colonels ont reçu des ordres formels; des officiers se sont montrés hostiles, les sous-officiers sont contents, les soldats, vous savez pour un verre de vin, mettent le feu à la *cambuse*.

8

Le lendemain 4, j'étais sur les boulevards ; à la hauteur de la rue Caumartin, M. Roguet bras dessus bras dessous avec M. Parchappe, descendaient de mon côté. M. Roguet déboutonne sa redingote et dit : Je vais lui brûler la cervelle ! Je lève les épaules et je passe. Le général Lebreton, demi-bourgeois, demi-militaire, arrive avec son soldat : je le nomme, il répond : Tout est fini, et disparaît, en hâtant le pas (1).

(1) A partir de décembre, j'ai habité rue Mont-Thabor, n° 8, jusqu'au 10 juillet 1852, jour de mon arrivée à Bruxelles.

W. AUGERAUD,
Ancien officier.

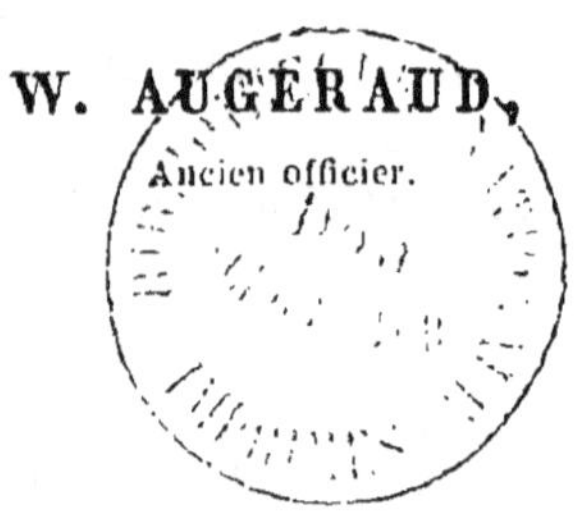

FIN.

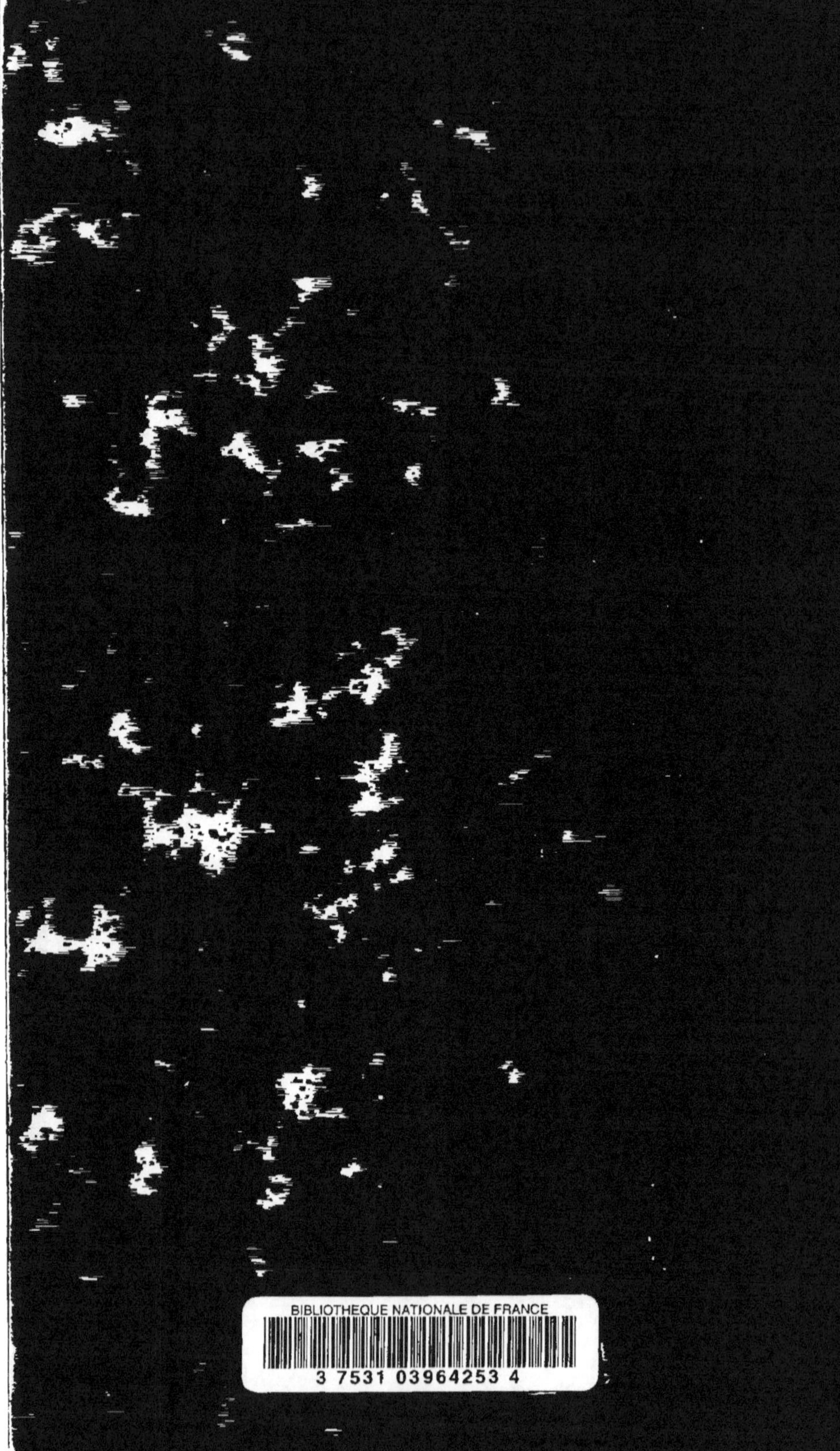

www.ingramcontent.com/pod-product-compliance
Lightning Source LLC
LaVergne TN
LVHW020421230826
846091LV00004B/1359

* 9 7 8 2 0 1 6 1 4 4 6 9 5 *